才能はいらない。
あなたにもできる
会社も上司も動かす仕事術

参謀の教科書

伊藤俊幸
元海上自衛隊海将
金沢工業大学大学院(虎ノ門キャンパス)
イノベーションマネジメント研究科教授

双葉社

【参謀・さんぼう】

1 謀議に加わること。また、その人。「選挙参謀」

2 高級指揮官の幕僚として、作戦・用兵などの計画に参与し、補佐する将校。

デジタル大辞泉より

はじめに

この本を手に取ったみなさんのなかで、

「ただ命令をこなすだけのロボット社員になりたくない」

「何度提案しても上司に意見やアイデアが通らない」

「出世はそこそこでいいから、働きやすい組織にしたい」

「組織のなかで自分の存在意義を発揮するコツが知りたい」

「この先、後輩や部下を率いる良きリーダーになる近道を教えてほしい」

など日ごろから、自分の働き方やキャリアパス、さらには自分の会社のあり方そのものに疑問や課題を感じている方は少なくないのではないでしょうか？

そんな方々に私がすすめたいのは**「あなたが会社の参謀になる」**ということです。

海上自衛隊の海将だった私が「参謀になるべき」と言うと、

「三国志の諸葛孔明みたいな『天才軍師』になれということ？」

「権力の中枢でリーダーを陰で支える『ブレーン』みたいなもの？」

とギョッとされたり、戸惑ったりする方も少なくないでしょう。

いずれにせよ大半の人にとって参謀とは身近な存在ではなく、**ごく一部の奇才が、たまたまリーダーに見出され抜擢される特別なポジション**というのが、世間一般の「参謀像」だと思います。


しかし、本書における「参謀」は少し意味合いが違います。私が本書のタイトルを「参謀の教科書」としたのは、みなさんにニッチな職業としての参謀を目指してほしいからではありません。私はむしろ参謀を〝**当たり前の存在**〟にしたいと考えています。参謀のように上司を積極的に補佐する役回りを日本中のあらゆる組織・階層に普及させたい。ひいてはそれが日本企業の再生につながるとも信じています。

ちなみに私は日ごろの大学院の授業やビジネスパーソン向けの講演などでは「参謀」という言葉ではなく、**「フォロワーシップ」**という言葉を使っています。スポーツマンシップ、クラフトマンシップといった言葉があるように、フォロワーシップとはひと言でいえば「部下としてのあり方」のことです。

詳しくは本文で述べますが、唯々諾々（いいだくだく）とただ上司の命令に従うのではなく、**「部下自ら頭を使い、積極的に上司の意図を理解し、上司に意見を述べたり、働きかけたり、補佐したりできる部下のあり方」**のことを「正しいフォロワーシップを発揮した状態」もしくは「理想的なフォロワー」と言います。アメリカ発祥の概念で、もともと個人の主体性が重んじられる欧米文化ではすんなり受け入れられ、すでに浸透している概念です。

しかし、日本ではごく一部の組織を除き、フォロワーシップの概念はまったくと言っていいほど普及していません。組織を語るときは相変わらず「リーダーシップ（リーダーとしてのあり方）」ばかりが語られ、部下の仕事はリーダーに従うことだと信じる人だらけです。私が毎年大学院で新しい学生を迎え入れても、「フォロワーシップって何ですか？」

という学生が大勢いて驚かされます。そこで私が「部下としてのあり方だよ」と説明しても、「部下のあり方と言われても……」と困惑した表情を見せます。ようは**「部下のあるべき姿」など考えたこともない人が多い**のです。

それなりの経験と教養のある学生が集う社会人向けのMBAで、なおかつ私の授業のテーマがフォロワーシップであるとシラバスに明記してあるにもかかわらず、「初めて聞いたので受講しました」というのです。

そこで本書では**「正しいフォロワーシップの理解と実践」**に主題を置きつつも、前面で使う言葉としてはあえてフォロワーシップよりも具体的なイメージの湧きやすい「参謀」という言葉を使いました。なぜなら部下が「正しいフォロワーシップ」を発揮していけば、おのずとその部下は自分の上司の参謀的な存在になるはずだからです。

◎組織改革は8割を占めるフォロワー（部下）がカギを握る

では改めて、なぜいまの日本社会に参謀（正しいフォロワーシップ）が必要なのかという話をしておきましょう。
それは従来のリーダーシップ一辺倒の組織、つまり、「組織の命運を担うのは上層部の意思決定や言動で、下はそれに従うだけ」という**トップダウン型の組織がいまの時代にそぐわない**からです。

リーダー自身もなにが正解なのか分からず、その正解らしきものも技術革新などでいとも簡単に変わる不確実性の時代において、組織が成長していくためには柔軟性が不可欠です。では、組織の柔軟性はどう実現するかといえば、中央集権的な仕組みをできるだけ解体し、権限を分散し、個々の力を引き出すこと以外に方法はありません。

組織を小集団に分け、それぞれに予算や権限を与えていく故・稲盛和夫氏の「アメーバ経営」などはフォロワーシップで動く組織の典型です。氏はフォロワーシップという言葉は使わず「全従業員経営」という表現を使われましたが、本質的には同じことを意味しています。若手社員にどんどん権限を与えるリクルートなども、フォロワーシップを前提にした組織と言っていいでしょう。

考えてみれば、どんな組織も8割はフォロワー(部下)が占めているわけです。それなのに組織を語るときにリーダーのあり方ばかり語るのはバランスに欠けていると言わざるを得ません。組織を劇的に変えたいなら「リーダーのあり方」で悩むのではなく、**8割のフォロワーのあり方にメスを入れたほうが圧倒的に効果的**なはずです。

フォロワーシップの啓蒙は海上自衛隊退官後の私のライフワークとなっていますが、私がフォロワーシップの伝道者をしている理由は海上自衛隊、とくに潜水艦部隊は、まさにフォロワーシップを前提とした組織だからです。

そのモデルとなったのはアメリカ海軍です。帝国海軍当時も日本の潜水艦は有名でしたが、敗戦によって解体されます。そして、戦後に新設された海上自衛隊にはアメリカ海軍から潜水艦ミンゴが貸与されることになり、合わせて米海軍の運用や作戦思想を学びました。フォロワーシップを中心とした運用方法もそのときに導入されたのです。

「軍隊＝トップダウン」と信じてやまない人がほとんどかと思いますが**実は違います**。

ロシアとウクライナの戦争をみても、ロシア軍は古典的なトップダウン型組織であり、指揮系統が乱れると現場が機能しなくなりますが、ウクライナ軍は現場レベルの指揮官が自立しているので臨機応変に意思決定ができる、まさに「アメーバ」的な組織であり、それが彼らの強みとなっています。

アメリカ海軍もかつては中央集権的な組織でした。そんな彼らがフォロワーシップを導入したのは下士官が賢くなったからです。経済発展に伴い高学歴の下士官が増えたことで「上官の命令だから」という理由だけで命令を従わせることが難しくなってきました。そこで作戦行動をあえて下士官に説明させたり、式典時に下士官の長を指揮官の横に配置するといった「先任伍長制度」を導入し、当事者意識をもたせることで組織としての柔軟性や多様性、活力を担保しようとしたのです。

トップダウン型の組織や統治がまったく不要だと言いたいわけではありません。迅速な意思決定が必要なときや大胆な施策を遂行するときはトップダウンでなければ任務の完遂（かんすい）は困難でしょう。

しかし、トップダウン型組織は**ごく一部の人間の下す意思決定に組織全体の運命が委ねられるリスク**を常に含んでいます。日本の場合、太平洋戦争における帝国陸海軍でその危うさが露見してしまいました。

◎自衛隊よりよっぽど遅れている日本企業

帝国陸海軍が犯した失敗を掘り下げた大ベストセラー『失敗の本質――日本軍の組織論的研究』（ダイヤモンド社）が刊行されたのは１９８４年のこと。私は防大時代、著者の一人、野中郁二郎先生の授業を受けたことがあります。

陸軍と海軍の軋轢、非合理的な判断ミスを犯す指揮官を許した情実人事の横行、あくまで上意下達（トップダウン）で帝国陸海軍は戦争を遂行しました。客観性や自己批判力を失い、失敗からの学習能力を失っていたのです。つまり、**「おかしい」と感じている人が多数いたとしても、それを止める術がなかった**のです。

海上自衛隊がアメリカ海軍からフォロワーシップを導入したのも、上司に意見を述べられる自立した士官を育成することで、帝国陸海軍が犯したような破滅的な大失敗を二度と起こさないためです。

もちろん海上自衛隊で働くのは日本人なので１００％アメリカ的なのかといったら違いますが、現代風にいえば「外資系企業っぽい組織」であることは間違いありません。

海上自衛隊の士官は**思考的に自立していること**が求められ、上官の代わりに計画を立案したり、上司と議論を交わしたりすることが組織運営の前提になっています。そのため私も比較的ストレスフリーな自衛官生活を送ることができました。

しかし、いまの日本社会全体を見渡して、太平洋戦争での失敗は活かされていると言えるでしょうか？　**残念ながら答えはノー**です。活かすどころか、ほとんど変わっていないと感じます。政治やビジネスの世界から教育現場に至るまで、日本ではあいかわらず昔ながらのトップダウンが色濃く残っています。

そうした組織では圧倒的多数を占めるフォロワーの当事者意識が欠けているため、組織に多少の不満があったとしても「それは無能な上司のせい。自分には関係ない」というひと言で片づけてしまい、イノベーションも改善も生まれません。

その結果がいわゆる**「失われた30年」**であると私は思いますし、いみじくもコロナ禍で多くの日本人が気付いたように、日本はさまざまな領域で古いシステムが機能不全を起こしています。

それは数字にもはっきり表れています。たとえば2022年のIMD「世界競争力ランキング」で**日本は対象64カ国中34位。**アジア・太平洋地域では対象14カ国中10位という結果です。「インフラはそこそこ整っているが肝心の中身が話にならない」というのが世界から見た日本です。

とくに**「ビジネス効率性（51位）」**が大きく足を引っ張っています。具体的な内訳を見ると、「経営プラクティス（63位）」「取り組み・価値観（58位）」「生産性・効率性（57位）」と、絶望的な数字が並んでいます。繰り返しますがランキングの対象国は64カ国です。もはや日本企業は**「世界最底辺」**という評価を受けているのです。

反論のある方もいるはずです。しかし自分たちにとって都合のいい数字だけ見てコンフォートゾーンに篭るのではなく（そもそも日本は同ランキングでかつて1位でした）、いまの日本が抱える課題が明示されたと前向きに受け止めることもできるのではないでしょうか。

◎参謀に天才は不要。誰でもなれる！

改めてこうした日本の停滞感を打開するキーワードとなると私が考えているのが「参謀」であり、「正しいフォロワーシップ」です。

参謀の役割を端的にいえばリーダーの意思決定を補佐すること。普通の部下が「リーダーの手足」だとしたら、**参謀は「リーダーの手足、プラス頭」**。計画を練る。アイデアを出す。情報を集める。課題を見つける。相談相手になる。そして、もしリーダーが誤った判断をしそうなときは臆(おく)せず意見を言う。

ここで強調しておきたいのは、**参謀は天才でなくてもなることができる**ということ。私が自信をもってそう言い切れるのは、海上自衛隊もアメリカ海軍も凡人を参謀として育てることを宿命づけられている組織だからです。組織が本気を出せば参謀はいくらでも育てられるのです。

しかし、あいかわらず**民間企業では「参謀を育てる」という意識が希薄**に感じます。経営の難易度が上がるにつれ多くの企業もようやく「モノ申す部下」「尖(とが)った人材」の価値に気付いてきたようです。

ただ、依然として「どうやったらそんな異才をヘッドハントできるか」とばかり考え、そういった人材が育ち、活躍できるよう組織文化を変えることには踏み出せない企業が多い気がします。本書はそうした悩みを抱える経営者（あるいは人事部担当者）にとっても参考になるはずです。

なお、本書は自著『リーダーシップは誰でも身に付けられる　海上自衛隊が実践する、米海軍式の最強リーダーシップ論』（アルファポリス、絶版）を底本にし、視点を「リーダー」から「フォロワー（参謀、部下）」に変え、ほぼ全面的に書き下ろしたものです。前作を読まれた方でもきっと新たな気付きが得られるでしょう。

リーダーとフォロワー。トップダウン型の組織だけをイメージすると両者はまったく別のテーマに見えます。たしかにトップダウン型組織において主役は完全にリーダーであり、フォロワーは顔の見えないただの駒という扱いです。

しかし、私が提唱している「フォロワーシップ」ないし「海自潜水艦部隊式組織」（より一般化して言うなら「自律自走型組織」「分散型組織」）は、「部下を引き立てるリーダーシップ（サーバントリーダーシップおよびシチュエーショナルリーダーシップ）」と「上司を支えるフォロワーシップ」の両輪で成り立つものです。

つまり、**リーダーとフォロワーは表裏一体**。前著は主に管理職に対して「フォロワーシップを引き出すリーダーシップとはなにか？」という文脈で書きましたが、本書は若いビジネスパーソンに向けて「正しいフォロワーシップとはなにか？」に比重を置きました。理想の参謀になるために必要な心構えやスキルについてわかりやすく解説を試みます。なお、構成は以下の通りです。

第1章：参謀の定義から入り、一部の人にとっては聞きなれない**「フォロワーシップ」という概念**の説明をします。

第2章：参謀に必要な三大能力のひとつ**「提案力」**について考えます。まずは基礎編として、幹部自衛官たちが必ず習得する作戦計画のつくり方を解説します。

第3章：「提案力」の応用編です。**アイデアの生み出し方、推論の仕方**など比較的高度な思考法についてそのコツを教えます。

第４章：日本型組織のなかでも参謀として円滑に業務を進めるときに必須の**「対人力」**について話をします。**キーワードは「礼節」**です。

第５章：参謀としての真価が問われることになる**リスク・マネジメント力と危機管理能力**について解説します。

第６章：フォロワーシップと表裏一体の**「リーダーシップ」**について触れておきます。最近は「リーダーにはなりたくない」という人が増えていると聞きますが、そういう人にとっても、この章を読んでいただけば、リーダーシップについて新たな視点をもつことができ、リーダーを支えるときの参考になるはずです。

では本題に入りましょう。

著者

参謀の教科書　目次

はじめに 003

第1章

参謀は「最強の部下」である 025

初代防大学長が訴えた「理性ある服従」 026
あなたは「訓令」で動けるか？ 031
リーダーを陰で支える参謀 037
参謀を体系的に育てる自衛隊 039
RIMPAC（リムパック）98で成果を上げられた理由 043
正しいフォロワーシップとは 046
参謀の三大能力は「提案力」「対人力」「危機管理能力」 051
Column 部下の提案からはじまったソマリア派遣 054

第2章

【提案力／基礎編】科学的思考をしよう ―― 059

防大生に求められる科学的思考力 ―― 060

ファクトにこだわる ―― 062

ロジックにこだわる ―― 066

意思決定の仕方には「型」がある ―― 071

【任務の明確化①】 すべては使命の分析からはじまる ―― 074

【任務の明確化②】 レイテ沖「謎の反転」はなぜ起こったのか？ ―― 079

【情報の分析①】 マーケティングリサーチ ―― 084

【情報の分析②】 情報整理のコツは「分ける」こと ―― 085

【情報の分析③】 情報見積は「相手の立場」で考える ―― 090

【最善の行動指針の決定①】 取りうるアクションを列挙する ―― 096

【最善の行動指針の決定②】 判断基準を絞って比較する ―― 098

Column 迷ったときは「51：49」の法則 ―― 103

第3章 【提案力／応用編】最高のブレーンを目指す —— 107
コンセプチュアルスキルのプロになろう —— 108
物事の本質を見抜こうとする意思が重要 —— 112
推論力を高める —— 116
上司の意図をいかに汲み取るか —— 124
「スタンダード」を疑え！ —— 128
アイデアは「組み合せ」で生まれる —— 133
短期的に視野を広げる方法 —— 138
Column 指揮官と参謀を行き来する幹部自衛官たち —— 145

第4章 【対人力】組織で活かされるには「礼節」が必要 —— 149
能力と人格の両方を重視する自衛隊 —— 150

最低限の礼節を心掛けよ 156
陸海空による「礼節の度合い」の違い 162
上司が判断ミスをしそうなときの対処法 165
ステークホルダーへの事前報告 168
目利き力の鍛え方 174
「ボス・マネジメント」という考え方 178
「上司が怖い」と感じる人へのアドバイス 184
ANA（全日空）のアサーション 187
Column 「ホウレンソウ」より「レンソウ・ホウ」 192

第5章
【危機管理能力】プランとプランニング 197
危機のときこそ「参謀の真価」が問われる 198
リスク・マネジメントの基本となる2つの考え方 204
リスクの定義と分類を考える 210

リスク・マネジメントの手順 212
【リスク・アセスメント①】リスクを洗い出す 215
【リスク・アセスメント②】リスクの評価・分析 218
リスク対応には４種類ある 222
ＢＣＰ（事業継続計画）とはなにか 226
軍事組織が「図上演習」にこだわる理由 229
自律自走型組織に不可欠なＯＯＤＡ（ウーダ）ループ 231
Column リスク・マップをエクセルで作る方法 237

第6章 正しい参謀がよきリーダーになる 239

正しいフォロワーこそよきリーダーになる 240
マネジメントとリーダーシップの違いはなにか？ 243
マネジメントとリーダーシップを使い分ける（ＳＬ理論） 246
部下の発達ステージを捉える 250

人情派か？　成果主義派か？（状況即応理論）――258
サーバントリーダーシップ――262
S1に対する指導の基本は「やってみせ」――272
部下と交わした「交換日記」――276
「知情意」をバランスよく身に付けよう――283

おわりに――若いころの挫折が私を変えた――286

編集協力／郷和貴

第1章

参謀は「最強の部下」である

初代防大学長が訴えた「理性ある服従」

太平洋戦争後にGHQによって解体された帝国陸海軍は、自衛隊として生まれ変わりました。その自衛隊の幹部養成機関である防衛大学校は1952年に設立（当時は保安大学校）。戦前の日本では陸海がそれぞれ士官学校を持つスタイルを取っていましたが、それが無駄な縄張り意識と対立構造を生んだという反省から、当時世界で初めての陸海空の仕官を同じ学び舎（や）で育てる「統合型」の士官学校を作りました。

その初代校長に指名された人物は、軍人ではありません。オックスフォード大学で学んだ経験があり、イギリス憲法史が専門の政治学者・槇智雄（まきともお）氏でした。元慶應義塾大学の教授です。指名を受けた槇氏は学校設立の準備にあたって各国の士官学校を視察し、戦後の日本に合った士官学校とはどんなものか必死に考えたそうです。

自衛隊とイギリスと慶應。なんとなくミスマッチな印象を受けるかもしれません。しかし、自衛隊は帝国陸海軍が犯した失敗を二度と起こさないという明確な意志のもと設立された組織です。

槇校長は自衛隊の将来を担う幹部候補生たちを「ただの軍事オタク」や「視野の狭い人」にしないため、一般大学のカリキュラムをすべて導入。それに加える形で、防衛学など軍事に関する知識を身に付けることとしました。それと同時に、帝国陸海軍で当然とされた「軍人マインド」を変えることに尽力されたのです。

ちなみに防大と慶應のつながりはその後も続いており、現在の久保文明(ふみあき)校長を含め、歴代10名の校長のうち4名が元慶應義塾の教授です。

そんな槇校長が防大生たちに繰り返し伝えた概念のひとつが**「理性ある服従」**です。本書を通してみなさんにもっとも伝えたいフレーズでもあります。

「服従」という言葉にいい印象を受けない方がほとんどでしょう。広辞苑には「権威者からの命令や指示に従うこと」とあります。しかし、軍事組織であろうと企業であろうと、組織である限り、誰かが決定権を持ち、組織はその決定に従うという構図は必須です。

指揮系統が曖昧（あいまい）な組織はスピーディな意思決定ができないので、どれだけフラットな組織でも必ず意思決定者や責任を負う人はいるはずです。当初は超フラットな組織でも何とかなったスタートアップ企業が、肥大化するにつれて官僚的な組織に変り果てるといった話はよく耳にします。

このように組織運営においては一定の規律、つまりルールに従うことは必要なのですが、もしその命令に「唯々諾々」と従う部下しかいなかったらどうなるでしょう？それこそ太平洋戦争のときのように、「情実人事」によって生まれた「資質に欠ける指揮官」による明らかにまちがった判断によって、組織を壊滅に追い込むことにつながりかねません。

◎上司の言いなりにならず「正しく疑う力」をもつ

そこで槇校長は、新設する自衛隊の幹部に対して「理性ある服従」を訴えました。つまり、上官の命令を**「正しく疑う力をもて」**と言われたのです。

現代風にいえばクリティカル・シンキング。言われたことをただこなすだけではなく、自分の頭で考えられる自律的に動ける人材を育成する。そして、そういった部下だった人だからこそ、部下を活かす組織運営ができるリーダーになれるのです。

自衛隊には教育の指針として、守るべき「自衛官の心構え」として5つの項目が定められており、その一つ「規律の厳守」の解説には、

◎真の規律は理性ある服従の状態
◎真の規律を確立するためには、命令は常に適切であることを必要とし、受令者が自覚自律して積極的に服従する気風をつくりあげなければならない
◎良い命令をする者は必ず良い服従をする者
◎服従の真価はみずから進んで行うところにある

と指導しています。最近はビジネスの世界で**「自律自走型組織」**という言葉をよく耳にしますが、一見古臭い体質と思われがちな自衛隊では、実はこうした先進的なアイデアを70年前に打ち出していたのです。

◎「理性か服従か」の二択に陥らないこと

「理性ある服従」のできる部下。これこそいま多くの日本企業に足りない人材です。言われたことを勤勉にこなすことが美徳であると叩き込まれる日本人の多くは、**「服従はするが理性に欠けた状態」**にあるといえます。

もちろん自分の意見を上司に臆(おく)せずぶつける部下も少数存在しています。しかしそういう人の多くは、今度は逆に上司のことを上司と思っておらず、**「理性はあるが服従しない状態」**であることが多いと感じます。

そんな人は組織を飛び出して起業しがちですが、自分の考えが強いだけに部下に対しては「無批判な服従」を要求してしまう。結局、いつまで経っても日本企業はトップダウン型組織ばかりです。

「理性か服従か」といった両極端ではなく、「理性」と「服従」をバランスよく備えた人材をもっと増やして日本型組織をアップデートしたい。それが自衛隊退官後の私のライフワークとなっています。

あなたは「訓令」で動けるか？

「理性ある服従のできる部下」を別の言葉で言い変えたものが、本書のテーマである「参謀」です。参謀のイメージを具体化するため、ここで質問をさせてください。

「号令」と**「命令」**と**「訓令」**。

みなさんはこの違いがわかるでしょうか？

自衛隊では、部下に指示する方法として、この3つを明確に使い分けています。

まず1つ目の「号令」とは、小学校などで行なわれている「行動指示」のことです。「起立！　気を付け！　礼！　着席！」「全隊、止まれ！」など、**行なうべき行動だけをシンプルに伝えるもの**です。たとえば、

「明後日の朝8時の名古屋行きの新幹線の切符を買ってきて」

という指示は、「号令」といえます。ただし切符がなかった場合、部下は「ありませんでした」といって戻ってくる、子どもの使いのようになってしまいます。

2つ目の「命令」は、**「意図」と「行動」の両方**を伝える方法です。たとえば、

「明後日の午後13時から名古屋の〇〇社に商談にいくので、朝8時の名古屋行きの新幹線の切符を買ってきて」

という指示になります。指示された部下は、新幹線の切符を買う上司の意図がわかっていますから、8時の切符がなくても、13時に間に合う切符を買ってくることになります。「命令」は「号令」よりも上司の「意図」つまり**「行動の目的」**があわせて伝えられますから、部下に「自分で考える余地」が生まれ、上司にとっても満足のいく結果が得られることになります。


3つ目の「訓令」とは、**「意図」だけ伝えて「やり方は任せる」**という指示のことを言います。先の例であれば、

「明後日13時から名古屋の〇〇社に商談にいくので、出張の手配を頼むよ」

というのが訓令です。ここで優秀な部下なら、次のような対応ができるでしょう。

「そういえば課長、名古屋の△△社の社長と長らくお会いしていないですよね。せっかくですから前日夜に名古屋で会食されたらどうですか？　そのまま一泊して翌朝〇〇社にいけば楽じゃないですか。必要ならお店と宿の手配もしておきますよ」

◎上司にとっての「もうひとつの脳」になる

これはあくまでも身近な例ですが、日々の業務でもこのように自発的に「提案（海上自衛隊ではこれを**「リコメンド」**といいます）」してくれる部下がいたら課長はきっと楽なはずですし、部下のことを頼もしく感じるでしょう。

なぜなら、この部下は上司の「意図」からその「行動の目的（出張の手配すべて）」を実現することはもちろん、「△△社との関係性」や「課長の身体的負担」といったこともわかっており、新たなビジネスチャンスが生まれることになるかもしれません。課長の感覚としては自分の身体の外に、もうひとつの脳があるようなものです。

「上司にとってのもうひとつの脳」。これこそが参謀の最大の価値です。自律した人格として積極的に上司の行動や意思決定を補佐できるのが参謀なのです。

訓令は逐一命令を出すことと比較して、指示を出す側からすると負担が少なく、その分、指示を受ける側の負担が増える特徴があります。しかし、訓令を出す上司は単に自分がラクをしたいから訓令を使うわけではありません。訓令を積極的に使うメリットは次のようなものです。

訓令を受ける部下のメリット

▼自ら考える習慣が身につく
▼当事者意識が高まる
▼視野が広がる・視座が上がる
▼結果として成長が早まる
▼リコメンド（提案）ができるようになる

訓令を出す上司のメリット

▼こまごまとしたマネジメントの負担が減る
▼部下の成長が早まる
▼部下の「脳（アイデア・情報など）」をチームのために活用できる
▼負担が減った分、自分の上司の訓令をこなす時間が生まれる
▼視野が広がる・視座が上がる
▼結果として自分の成長も早まる

図解 号令と命令と訓令の違い

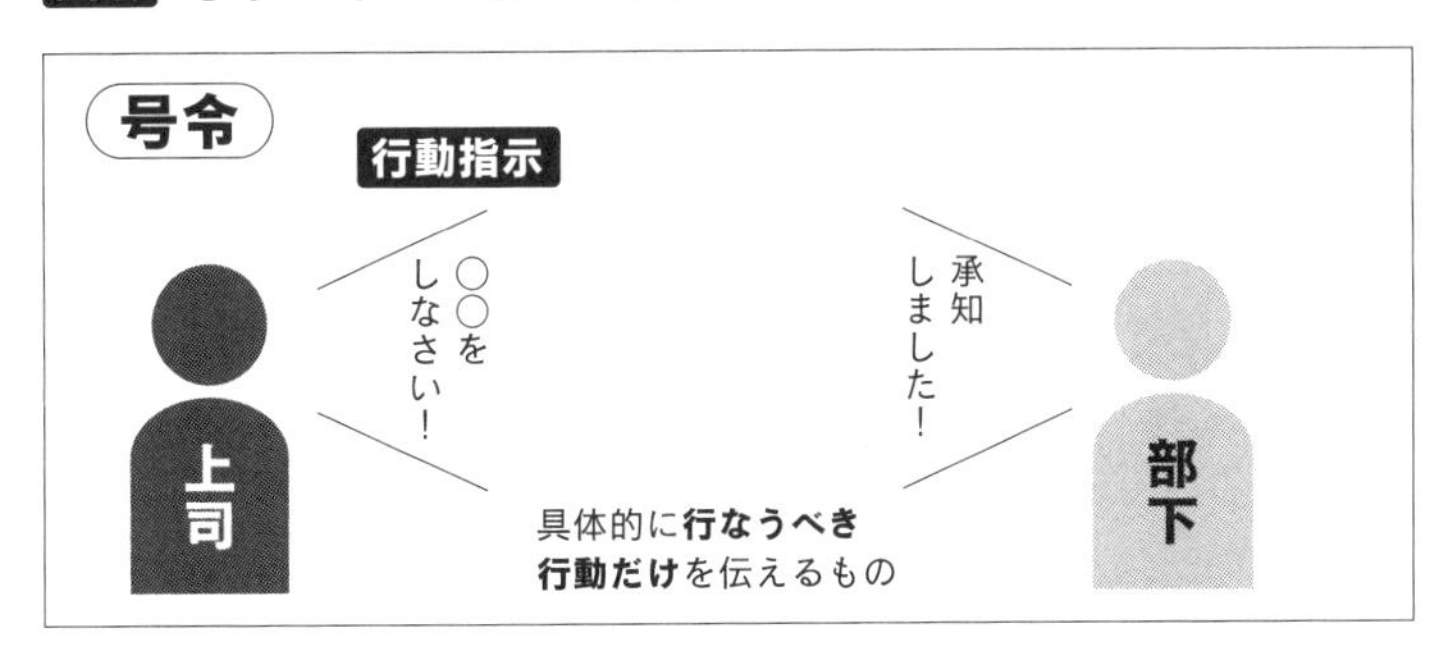

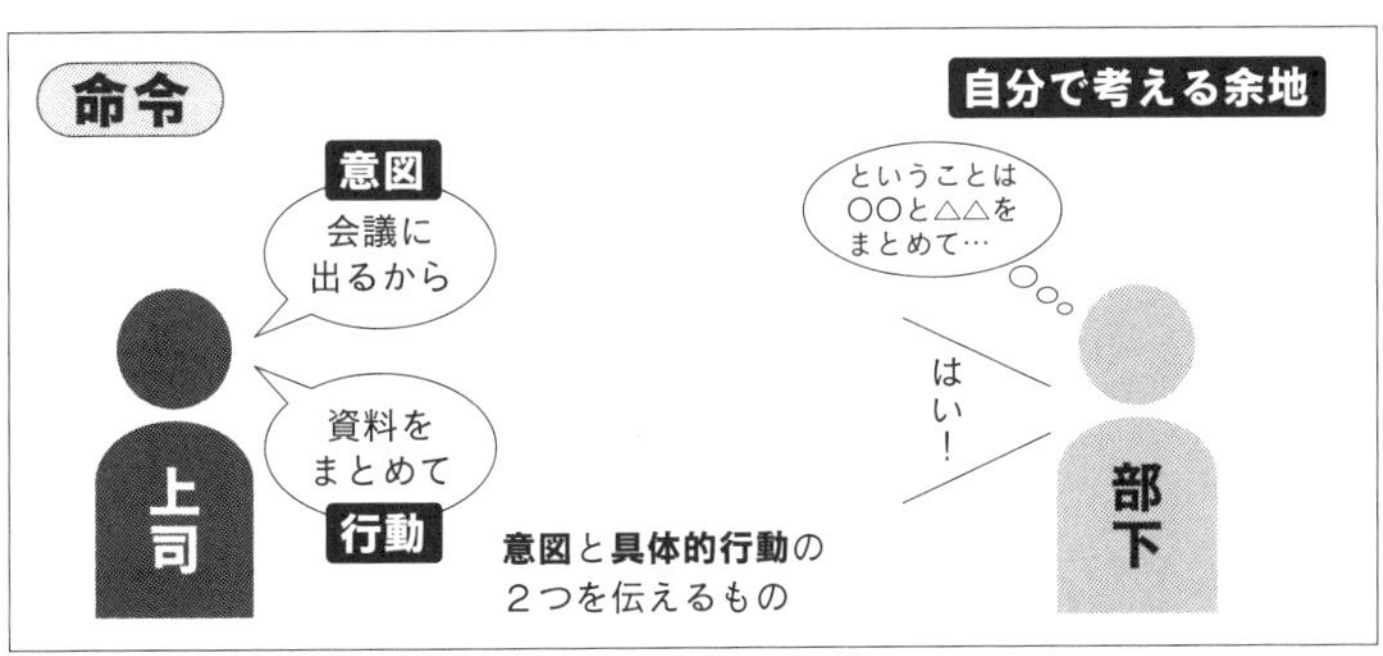

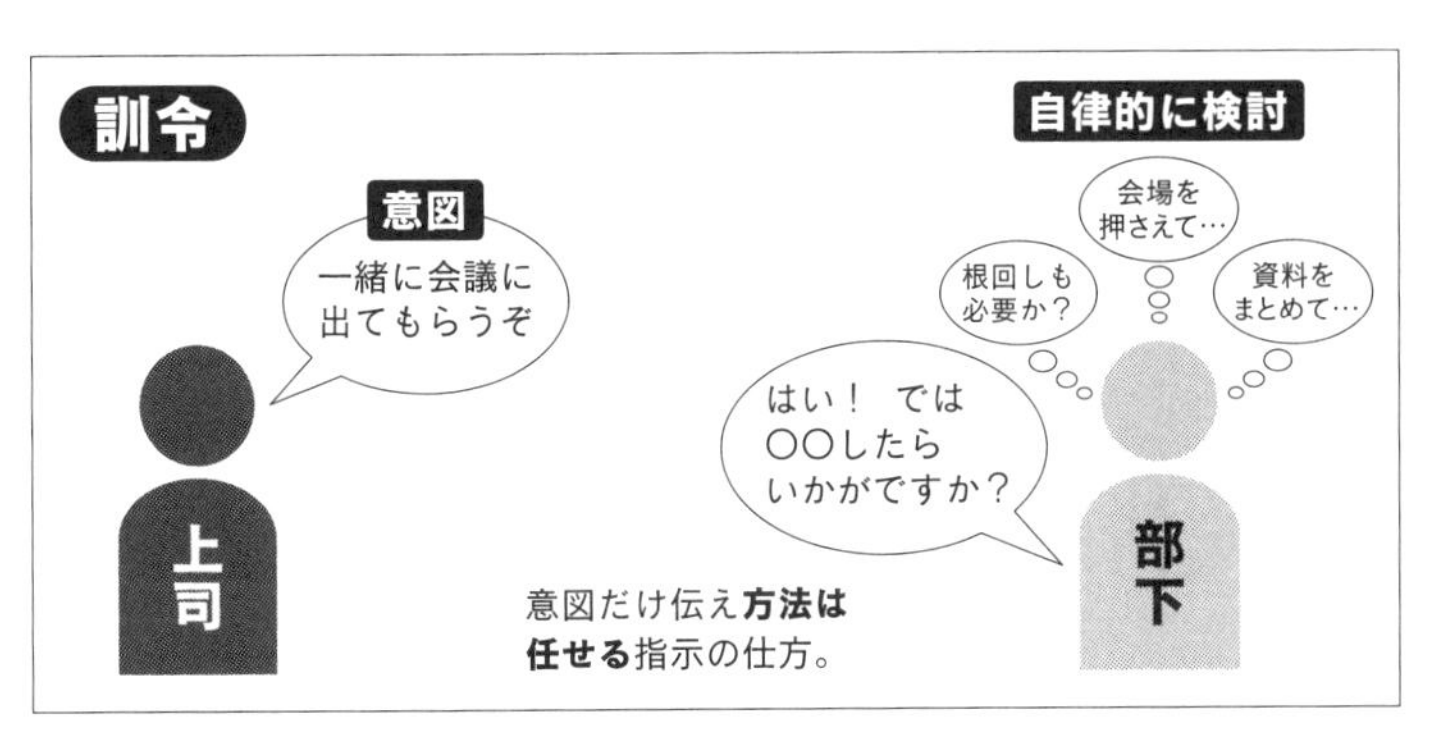

◎訓令で動ける人間はＡＩに仕事を奪われない

このように「訓令」はいいこと尽くめなのです。だとすれば、会社全体を訓令で回せばいいじゃないかと思いますが、現実問題、多くの上司は訓令を出したくても出せません。理由はわかりますね。

「『頼む』と言われても……何時の切符を買えばいいんですか？　通路側ですか窓側ですか？　ちゃんと指示をいただけないと困るんですけど」

このように具体的な行動レベルまで「号令」されないと動けない「指示待ち人間」の部下が日本にはあまりに多いからです（この本を読んでるあなたも、そうなっていませんか？）。

かつては読み書きそろばんができるだけで知的労働者として重宝（ちょうほう）された時代もありました。しかし、ＡＩやロボット技術の進化で人間がそれをやる必要はありません。常に上司と同じ目線で考え、「訓令」で仕事をこなせる部下になることが、これからの時代、職場に必要とされる知的労働者なのでしょう。

リーダーを陰で支える参謀

参謀の語源は「謀（はかりごと）に参与する人」という意味で、「謀」とは計画のこと。現代においては**「意思決定者の判断の精度を上げるための補佐役」**という意味で使われています。

先ほど「もうひとつの脳」という譬（たと）えを使いましたが、最終的な決断を下すのも、その決断の責任を取るのも、あくまでも上司です。参謀は上司がその決断に至るまでの舞台裏でひたすら汗をかくのが仕事です。

「それでは手柄がすべて上司にいってしまう」

と思われる方もいるでしょうが、実際にそういうものです。参謀が仕事をするのは上司を支えるため。では、上司個人のためなのかといったら必ずしもそうではなく、**最終的な目標は組織としての大きな目標を達成すること。**そこにやり甲斐や自分の使命を感じられないと、おそらく参謀として長続きしないでしょう。

たとえば私が尊敬する歴史上の参謀に、日露戦争で乃木希典を支えた児玉源太郎がいます。彼は日露戦争勃発前、台湾総督と内務大臣を務めていました。軍人としてほぼトップまで上り詰めていたのです。

しかし、対ロシア戦の作戦計画を担当していた参謀次長が急死したため、児玉源太郎は「俺が乃木を支える」といってわざわざ人事降格を自ら願い出ます。

乃木希典は児玉源太郎より3歳年上ですが、ランクで言えばほぼ同ランク。現代に置き変えれば、企業の役員が窮地に陥っている事業部の副部長になるようなものです。そして児玉は、旅順攻囲戦をはじめとするとさまざまな会戦で天才的な作戦を立案し、日本を勝利に導くことになります。

「自分は平社員だから課長の悩み事なんて関係ない」と思うのではなく、「自分は組織の一員であり、課長の部下である。だから課長をサポートするのは自分の使命である」と思えるかどうかが、参謀になる第一歩です。

参謀を体系的に育てる自衛隊

「売り上げの8割は2割の社員に依存する」という**「パレートの法則」**をご存じだと思います。よく似た概念として「働きアリの法則」もありますが、組織の8割は「指示によって動く人」もしくは「指示待ち人間」といってよいのでしょう。

ただし、いまの日本における会社組織の問題は、主体的に考え自ら行動することができる参謀タイプの社員が2割いるのか、ということです。5人に1人ですからそれなりの割合ですが、みなさんの身の回りや自分の組織を見渡してみて、5人に1人参謀タイプの社員がいるでしょうか？

海上自衛隊はどうかというと、組織を占める幹部自衛官の割合はちょうど2割です。外国海軍の士官の割合も海上自衛隊の幹部と同じ。防大や幹部候補生学校を経て幹部自衛官になる人物はどの時代も2割なのです。

「そりゃ国を守る組織なんだから、海上自衛隊は参謀に適した秀才ばかりを全国からかき集めているんでしょ」

と、みなさんは思うかもしれませんが、これが実はまったく違うのです。

一流大学の学生たちがこぞって就職したがる企業ならまだしも、自衛隊にそこまでの人気はありません。自衛隊では最低限のポテンシャルのある若者を集め、さまざまな仕組みを使い、長い年月をかけて参謀や小部隊の指揮官を経験させ、将来の大部隊の指揮官を作り上げるのです。

ここでその仕組みの一例を紹介しましょう。

◎部下に主体的に考える機会を与える

海上自衛隊の潜水艦では、艦長は「号令」で指示を出しません。基本的に部下からのリコメンド(提案)がありますし、出しても「訓令」で指示をします。たとえば艦内でなにか課題が見つかったら、艦長は担当士官を呼び出し「こういう課題が見つかった。これを解決する策を考えよ」という「訓令」の形で指示を出します。

もちろん、急を要するものであれば艦長が直接「号令」することもありますが、急を要さないものであればリーダーは自分なりに解決策が頭に浮かんでいても、**部下に考えるチャンスを与えるためにあえて言わない**のです。

すると、担当士官は必死に情報を集め、方法を考え、文章にして艦長に報告を上げます。そこで艦長が言うことは「了解」か「待て」。つまり、イエスかノーだけです。

イメージとしては、幹部自衛官は常に自分の階級よりふたつ上のレベルの仕事を経験しているようなものです。最終的なゴーサインは上司が出すので、考案者が責任を取るわけではありません。しかし、部下時代から主体的に考える貴重な機会を得ることができるメリットがあるのです。

主体的に物事を考えられるようになるには当事者意識が欠かせないとよく言いますが、海上自衛隊ではまさに部下を半強制的に当事者にするわけです。

こうした思考の鍛錬(たんれん)を毎日続けることで、若い幹部は参謀に必要な視野や思考法、心構えなどを身に付けていくと同時に、自分がリーダーになった暁(あかつき)には参謀を育成し活用していこうというマインドに変わっているのです。

ではなぜ、自衛隊では若手幹部のころから艦長に代わって主体的に考える訓練をさせるのか？

それは、武力攻撃事態が起こり、実際の戦闘が始まった場合、艦長が最後まで生きているとは限らないからです。上級指揮官がいなくなれば、次席指揮官がというように、軍隊における士官は、有事の場合、若い士官であっても部隊指揮を取らなければならないときが来るかもしれないからなのです。

もちろん、ここまでシビアな想定は一般企業ではあり得ないかもしれません。

ただ、考えてもみてください。みなさんの会社でもなにか突発的な事故や病気で上司が不在になる可能性は十分ありますよね。そうした「万が一」に備えて、日ごろから当事者意識を磨き上げ、参謀、さらには将来のリーダーとしての力を身に付けるのは大事なことだと言えるでしょう。

RIMPAC（リムパック）98で成果を上げられた理由

私が参謀のありがたみを実感したのは、私が40歳のとき、潜水艦「はやしお」の艦長として1998年のRIMPAC（環太平洋合同演習／以下リムパック）に参加したときのことです。

演習のシナリオは青国と赤国の戦闘という形で行なわれました。私たちが配属されたのは赤国。最終フェーズは、赤国がハワイのカウアイ島を占拠し、それを青国が奪還にくるというシナリオでした。

本来なら青国が赤国を蹴散らして〝シャンシャン〟で終わる予定だったのですが、結果的には「はやしお」1隻で青国の主力艦隊を全滅させ、シナリオがひっくり返る形で終結。演習全体を通して私たちの艦が撃沈した艦艇は15隻でした。

演習ですから実際の魚雷は使わず「水撃ち」と呼ばれる魚雷発射管の空撃ちをします。攻撃を相手に知らせるための無線通信で通報すると、相手もすぐに反撃に転じてきますから、これをかわしながら、別の艦艇を攻撃するという行動を数度行ない、相手に探知されることは一度もありませんでした。ハワイにある演習統裁部に対して、攻撃した艦艇の位置などのデータを電報で伝えたところ、攻撃した艦艇、「全艦撃沈」との判定が本艦に通知されたのです。

◎成功の要因は優れたフォロワーの力だった

私たちが〝撃沈〟に成功したのは青国の米海軍強襲揚陸艦と、それを護衛する8隻からなる多国籍海軍艦艇でした。演習後、リムパックを主催する米第三艦隊所属の空母の上でパーティが行なわれました。当時の私の階級は二佐（一般的な階級でいえば中佐）でしたが、第三艦隊司令官（中将）が近寄ってきて、

「お前のせいでボス（太平洋艦隊司令官。大将）がカンカンだよ！」

と笑顔でヘッドロックをかけられたことはいまでも鮮明に覚えています。たいへん愉快な思い出ですが、このときの成果は、ひとえに部下たちのおかげだと思っています。なぜなら、潜水艦は戦闘機などと違ってひとりで操艦するものではないからです。

艦長ひとりでは艦を港から出すことすらできません。

潜水艦を車に譬えるなら、周囲を見張る担当者と、ハンドルを握る担当者と、アクセルとブレーキを踏む担当者と、魚雷を撃つ担当者はすべて別。しかも、その担当者もひとりではなく、それぞれ部下を率いています。

さらに、一度海に出れば潜水艦は24時間勤務ですから、艦長が直接艦の指揮を取るのは演習の攻撃場面だけで、それ以外は、水雷長、船務長、機関長という3人の科長が6時間ごと3交代制の哨戒長（しょうかい）として、潜水艦の行動を指揮するのです。

ですから、艦長は車の後部座席に座って哨戒長と各担当者のやりとりを聞いている立場になります。つまり、艦内のすべての行動に対して逐一、「号令」や「命令」の形で指示を出すのは哨戒長の仕事で、艦長は「訓令」の形で哨戒長に指示をするのです。哨戒長は艦長の意図を理解し必要なら確認して主体的に号令、命令を出しながら指揮します。

また、艦長が就寝時などは、艦長の考え方を先読みし正しい処置をとってから艦長に事後報告をします。このように、哨戒長が主体的に考え行動できるレベルに育っていないと潜水艦は機能しないのです。

正しいフォロワーシップとは

参謀を育てる重要性は軍事組織に限った話ではなく、時代の要請と言えます。Volatility（ボラティリティ／**変動性**）、Uncertainty（アンサーテインティ／**不確実性**）、Complexity（コムプレキシティ／**複雑性**）、Ambiguity（アムビギュイティ／**曖昧性**）という4つの言葉の頭文字を並べたVUCA（ブーカ）と呼ばれる不確実性の現代において、健全で活力のある組織運営をするためには、自律した人間が集い、共通の目的のために主体的に協調して行動するスタイルでないと、その変化のスピードに取り残されることになってしまいます。

しかしながら、従来の組織論は常にリーダーシップを軸に考えられてきました。カリスマ型、強権型、人情型などリーダーのタイプはさまざまありますが、共通するのは「上が働きかけることで下が動く」という発想です。

それに異を唱えたのがカーネギーメロン大学のロバート・ケリー教授でした。リーダーシップだけにこだわる組織は組織全体の力を引き出せないとして、1992年に刊行した『The Power of Followership（邦題：指導力革命――リーダーシップからフォロワーシップへ〔〕』（牧野昇訳、プレジデント社刊、※絶版）という本で「フォロワーシップ理論」を提唱しています。

リーダーシップとは「リーダーとしてのあり方」のことで、フォロワーシップとは「フォロワーとしてのあり方」のことです。そして、ケリー教授は、「積極的に上司に働きかけを行なうことが正しいフォロワーシップだ」と言ったのです。

◎組織を変える力の8〜9割はフォロワーにある

私がはじめてこの本を読んだときに、もっとも印象深かったのは、

「ほとんどの組織において、その成功に対するリーダーの平均貢献度は20％にすぎない。フォロワーは残り80％を握っている」

というケリー教授たちの研究結果です。つまり、成功は部下（フォロワー）の力にかかっているということなのです。

先ほどの「パレートの法則」と矛盾するように聞こえますが、自衛隊の場合は、8

割を占める下士官は言われたことや決められたことをきちっと行なうべき人で「フォロワー」というよりも「ワーカー」と呼ぶべきだと私は考えています。そして2割を占める幹部自衛官は「リーダー」であり、かつ「フォロワー」であることが求められています。

このフォロワーシップ理論ではフォロワーのタイプを「貢献力」と「批判力」の2軸を使って5つに分類しています。その分類の仕方もまた秀逸なので、左ページに図を紹介しておきましょう。

非常にわかりやすい分類かと思います。

本書のテーマの参謀は「協働者」に該当します。すなわち、**組織に対する貢献力があり、なおかつ組織に対して批判力のある人物**です。ケリー教授も「協働者」こそ理想のフォロワーだとしています。

その一方、日本的組織に多い指示待ち人間は「従事者」に該当します。実現可能性はさておき、「従事者」を参謀に育てるには批判力を高めればよいという筋道が見えます。そして、貢献力も批判力もない「逃避者」はできるだけ組織内にいてほしくない人ということもこの図から想像がつきます。

図解 貢献力と批判力

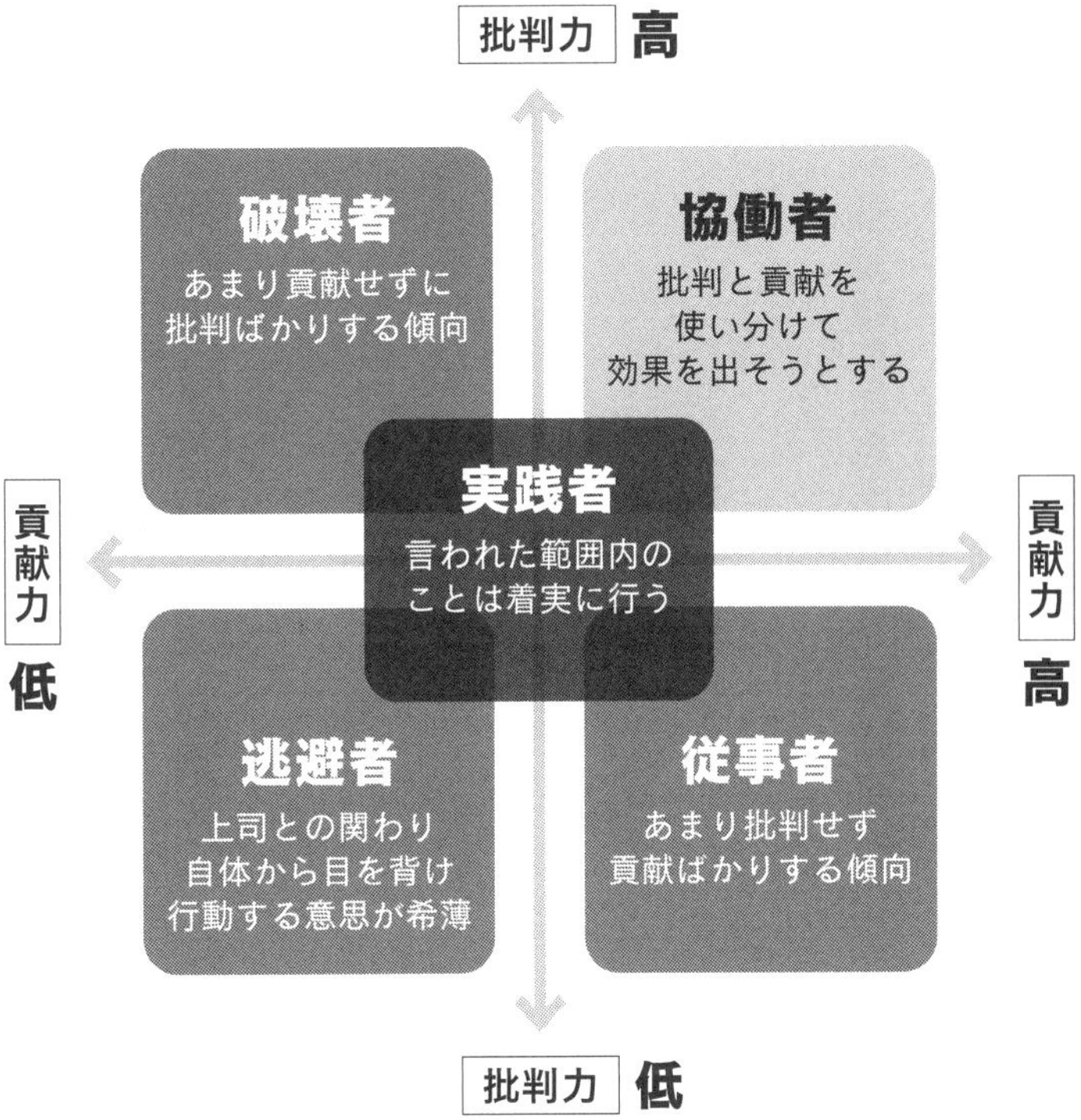

批判力 高
破壊者
あまり貢献せずに
批判ばかりする傾向
協働者
批判と貢献を
使い分けて
効果を出そうとする
貢献力 低
実践者
言われた範囲内の
ことは着実に行う
貢献力 高
逃避者
上司との関わり
自体から目を背け
行動する意思が希薄
従事者
あまり批判せず
貢献ばかりする傾向
批判力 低

では、貢献力は低いが批判力の高い「破壊者」はどうでしょうか？

「口だけの奴なんて最悪だ」と思われるかもしれません。しかし、私は現役時代「破壊者」タイプの部下をできるだけ大事にしてきました。このタイプが部下として配属されたら「ラッキー」と思ったくらいです。

なぜなら**「破壊者」は改善意識があり、主体的に考えることができる**からこそ上司に逆らうのです。往々にして彼らに足りないのは新たな環境変化に関する情報、すなわち知識であり、それをしっかり伝え、叩き込めばすぐに「協働者」に変わります。批判力は能力的なものもあるので、逆に「従事者」タイプを「協働者」に育てるにはどうしても時間がかかるのです。

◎誰もが最初から参謀になれるわけではない

そもそも若い人でいきなり「協働者（参謀）」になれる人はいません。

思えば私も若いころは典型的な「破壊者」でした。たとえば私は「共同責任」という日本的な概念が昔から嫌いで、防大や幹部候補生学校で共同責任という名目で罰せられるようなことがあれば「こんなくだらない指導で正しい幹部自衛官が育つとは思えない」と学校を批判していたくらいです。

しかし、そうした批判精神があったからこそ、現場でさまざまな状況に接し、知識を学ぶにつれ上官に対して有意義な提案ができるようになり、自分がリーダーになったときは自分にできる範囲で組織改革などを推し進めていくことができたのだと思います。

参謀の三大能力は「提案力」「対人力」「危機管理能力」

では改めて、優れた参謀になるためにはどのような能力が必要なのか、ここで考えてみましょう。

防衛大学校では「広い視野、科学的思考力、豊かな人間性」が幹部自衛官に求められる資質といいますが、私なりに整理した参謀に求められる能力は以下の3つです。

▼提案力

ロジカル・シンキング、クリティカル・シンキング、応用力、創造力、視座など

▼対人力

礼節、勇気、伝える力・聞く力、目利き力など

▼危機管理能力

計画立案力、OODA（ウーダ）ループを回す力、情報分析力、推論力、決断の早さなど

まず、上司に対して主体的にリコメンド（提案）し、その意思決定をサポートすることが参謀の役割である以上、高い「提案力」を持つことは間違いなく参謀にとっての最重要スキルです。そのためにはロジカル・シンキングやクリティカル・シンキングをはじめとした、高度な知的スキルを身に付ける必要があります。

当然、頭の回転の速い人ほど有利ですが、私は頭の回転は筋トレのように日々、脳に負荷をかけていれば伸びるものだと思っているので、若いときからコツコツ努力すれば**高い提案力は誰でも身に付けることができる**と確信しています。

「対人力」を2番目に入れたのは、このスキルが欠けていたために才能を活かしきれなかった幹部自衛官を過去に何度も見ているからです。頭脳が武器である参謀であっても、組織の一員であることには変わりません。

一流のリーダーを目指すのであればこの「対人力」を相当強化する必要がありますが、一流の参謀になるためなら、まずは必要最低限のものから身に付けましょう。日本型組織の場合、**必要最低限のものとは「礼節」**です。

最後の「危機管理能力」に関しては提案力の一部という分け方もできますが、近年、企業にとってクライシス・マネジメントやリスク・マネジメントが重要な経営課題になっていることを踏まえ、あえて分けました。

というのも「平時」における業務改善や、定石に従って計画を練るといったことは、参謀がいなくてもある程度できることです。しかし、「前提のないこと」や「未来に関すること」、もしくは「即座に重要な決断が求められるようなこと」に関しては、参謀の意義が存分に発揮されると思うのです。

次章以降ではそれぞれの能力について詳しく解説していきたいと思います。

Column

部下の提案からはじまったソマリア派遣

海上自衛隊のトップである海上幕僚長（ばくりょうちょう）の下、海自全体の運営や計画立案に関わる部署に海上幕僚監部（以下「海幕」）というものがあります。私がその海幕で情報課長をしていたときのことです。

海幕には通称「戦わない自衛隊員」と呼ばれる海上自衛隊が採用する防衛事務官が働いています。募集人数が少ないため狭き門ですが、正直、待遇がよいわけでもありません。

海幕の課長クラスになると、担当者レベルとは直接話をしない人が多いのですが、私は違いました。現場の声に耳を傾けることはリーダーの使命だと思っていたので、昼ごはんのときに自分の個室を開放し、毎日2、3人の部下を呼んでお昼をとりながら、ざっくばらんに話をすることをはじめたのです（以降、階級が上がっても私はこの取り組みを続けることになります）。

その日もなにげなく「なにか面白い話ない？」と部下に尋ねました。すると、ある事務官がこう言ったのです。

「国連の食料支援の枠組みでＷＦＰ（ワールド・フード・プログラム）ってありますよね。いま国連の船がソマリアに食料を届けに行っているんですけど、海賊に襲われたそうなんです。これがいま国連で問題視され出していて、ＥＵやＮＡＴＯが海軍艦艇を出して対処しようかという話が出ているそうですよ」

誰も知らなかった海賊の話がその後の外交を左右

当時、ソマリアの海賊の話は日本では一切報道されておらず、密に連絡を取り合っている在日米海軍からも聞いたことがない情報だったため、私には初耳でした。真面目な事務官が自主的に情報収集して見つけたことを、たまたまランチでの会話のなかで教えてくれたのです。

読者のみなさんにこの情報がいかに有益なものだったかを理解してもらうには、当時の海自が置かれていた政治的状況を説明する必要があります。少し専門的な話も挟みますが、まずは聞いてください。

2001年9月のアメリカ同時多発テロを機に公布されたテロ特措法の一環で、海上自衛隊は多国籍軍を後方支援するため、インド洋に補給艦などの艦艇を派遣していました。この補給艦が渡した燃料が、本法律の枠外であるイラク戦争に使われたのではないか、と政治問題化し、結果的にテロ特措法が失効していまい、艦艇の派遣が中止されたのです。

当時の日本政府としては、燃料の補給支援が直接的に国際平和のために重要であることは当然のこととして、同時に海自艦艇がインド洋まで頻繁に往復すること自体が日本のシーレーン（重要な海上交通路）を守ることにつながるという考え方をもっていました。しかし、テロ特措法が終わり、海自艦艇をシーレーンに送り出す根拠がなくなっていたのです。

そこに入ってきたのが、この「ソマリアの海賊」という情報です。

ソマリアはアフリカの東端にあり、アラビア半島の南に位置します。この情報を聞いた私はすぐに米海軍に連絡を入れ、ソマリアの海賊に関する情報の提供を依頼しました。これがいまも海上自衛隊が協力しているアデン湾での「海賊対処行動」がはじまった最初の経緯です。

さらに、このシーレーン防衛の重要性を改めて各省庁と議論できたことが、いまの日本の外交政策にも色濃く影響しています。たとえば、外務省がかつて重要外交政策として掲げていた「自由と繁栄の弧」政策、あるいはいまの「FOIP（自由で開かれたインド太平洋）」戦略は、シーレーン防衛の発想を政治的レベルに拡大したものといってよいでしょう。それは日米豪印の4か国による戦略的対話（クアッド）にもつながっていきます。

また、ロシアとウクライナの戦争では、G7とともに日本政府はウクライナの支援にあたっていますが、六月には岸田首相がNATO首脳会合に出席されました。NATOと日本の関係は、麻生外相が推進されたころから強化されるようになりましたが、接点がほぼなかった自衛隊とNATOの関係性が強化されたのは、このソマリアにおける海賊対処行動がはじまりだったのです。

そして、このような大きな流れに海上自衛隊が関与するきっかけとなったのは、一事務官によるリコメンドだったのです。

第2章

科学的思考をしよう

【提案力／基礎編】

防大生に求められる科学的思考力

防衛大学校が未来の指揮官と参謀たちに求める資質のひとつは**「科学的思考力」**です。これは「場の空気やこれまでの慣習に引きずられるのではなく、自分で科学的に考えよう」ということ。より具体的にいうなら**「事実を認識できる力」**ということです。

図上演習で日本軍が負けるという結果が出ていたのに、それを無視して帝国陸海軍は対米戦争を仕掛けました。その点でも、科学的思考力という概念を戦後アメリカから輸入できたことは自衛隊にとって大きな財産だと思います。

一方、似たような言葉で論理的思考力、英語でロジカル・シンキングというものがあります。これは物事を体系的に整理して、矛盾や飛躍のないように正しく積み上げ筋道を立てて結論に至れ、という思考法です。

ただし、論理的思考力は重要ではあるものの、怖いのは、事実とは異なる虚構に関しても、「筋道の立った説明」が可能なことです。

たとえば、論理的思考力のひとつに「A＝B（大前提）、B＝C（小前提）ならば、A＝Cである（結論）」という演繹法があります。コンピュータでいえば「入ってきたパラメーターをどう正しく処理するか」という処理のプロセスを指すものです。しかし、そもそも「A」という情報が誤りだったら、結論も誤ったものになってしまいます。

一方の科学的思考力は、ロジカルに情報を処理することはもちろん、Aが事実（ファクト）か否かを健全に疑う、クリティカル・シンキングが必要とされます。まさにフェイクニュースは**「論理的ではあるが科学的ではない」**ということになりますね。ですから、自衛隊で科学的思考力という言葉が多く使用されます。

別の表現をするならば、

「物事を考えるときは、ファクトとロジックの両方にこだわれ」

という意味で使われるのが「科学的思考力」だと思ってください。

理系出身の方なら自然と身についている考え方ですが、自衛隊ではそれを幹部自衛官に求めるのです。

ファクトにこだわる

現代において、**「ファクトにこだわる」**ことの重要性は、どれだけ強調しても強調しきれません。ロシアとウクライナの戦争をみても現代の戦争は情報戦でもあることがよくわかります。

仮に「最近この市場が拡大している。だから〇〇をすべきだ」と上司に提案をするとき、話の前提となる「市場の拡大」の裏付けをできるだけ取る。これが**参謀にとって基本中の基本**です。

それは市場調査かもしれませんし、専門家に直接聞き取りをすることかもしれません。もしデータがなければ、新たに統計データを集めることかもしれません。そうした客観的な裏付けや統計的な根拠が薄いまま、自分の肌感覚だけで市場が拡大していると判断するのは非常に危険です。

「いまの時代、インターネットでいくらでも情報は集められる」という意見もあるでしょう。しかし、世の中にあふれる情報は誰かがなにかしらの意図をもって発信したものであり、その意図を理解せずに情報を真（ま）に受けることはあまりにナイーブすぎます。とくに日本人は世界的にみても新聞やテレビを信用する人が多いことが国際比較（WVS／世界価値観調査）によって明らかになっており、情報リテラシーの低さは日本の課題のひとつです。

それに現代人が日々接する情報の多くはマスコミの情報を含め、SNS経由になっています。そして、そこで目にする情報はユーザーの指向に沿うように情報が選別されている、いわゆる「フィルターバブル」と呼ばれる状態になっている可能性が高く、自分のタイムラインが、さも世の中の動きだと勘違いをしやすいため注意が必要です。**「この情報って本当か？」という物事を疑ってかかる姿勢**を、参謀は片時も忘れてはいけません。

もちろん調べても情報の裏付けが取れないケースもあるはずですし、すべて裏付けを取れるまで決断を先送りしていたら革新的、挑戦的なことはなにもできないでしょう。その場合使うのが、**仮説思考**という考え方です。

仮説とは、まだ十分情報がそろっていない段階で、これまでの情報や知識をもとに組み立てた仮の答えです。そして仮説思考とは、問題解決を考えるときに、**常にまず仮説をたてて、これを証明するという順番で物事を考える**という頭の使い方です。

現実の仕事においては、必ず時間的な制約がありますが、仮説思考はそのような「限られた時間の中で最大の成果を出すための思考法」なのです。迅速な意思決定をしたいのなら、ファクトのなかから、選択肢を絞り込めるような情報だけを集めることが必要になります。

これを理解しているならば、Aがファクトかどうかわからない場合で、「AはBである」から導いたCという提案を、リーダーにそのまま伝えてはいけません。「A＝Bという部分は仮説ですが、でも現時点で一番確からしい仮説ですので、とりあえずこれでやらせてください」と提案するのです。そして実際に動きながら仮説を検証し、もし違っていれば軌道修正を図ればよいのです。結論Cだけ伝えて失敗した場合は「判断ミス」として扱われますが、仮説検証の結果、軌道修正を図ることは「判断ミス」とはいいません。こうした仮説思考も科学の世界では当たり前のことであり、あなたが参謀を目指すならば、必ず取り入れたい思考法です。

図解 科学的思考力を身に付ける

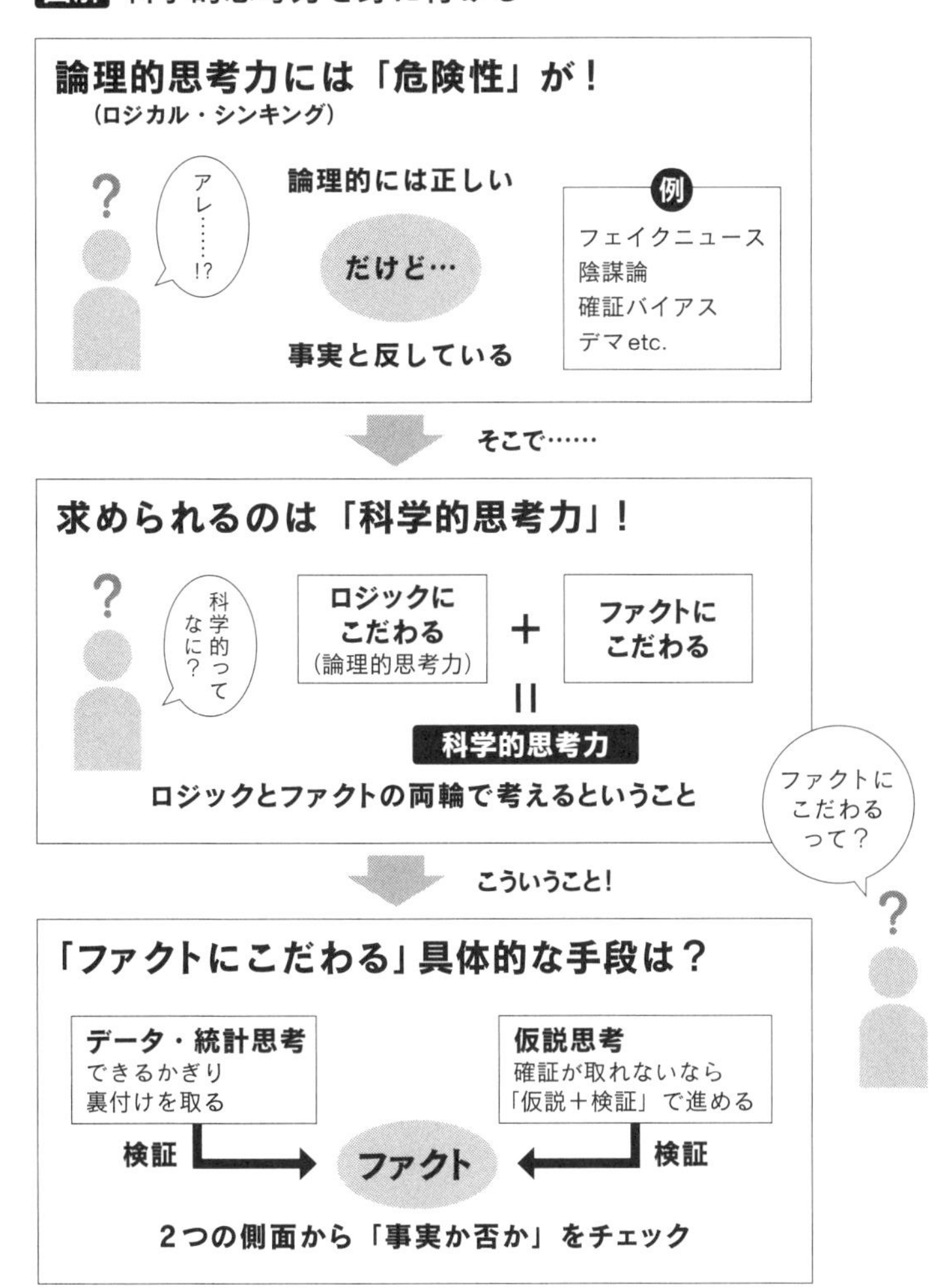

ロジックにこわだる

子どものときから将棋やプログラミング、数学、物理などが好きな人ほど論理的思考力が高いように、論理的思考力はその人の「脳の基礎体力」のようなもの。日ごろの鍛錬が欠かせません。逆にいえば、**どんな人でも意識して鍛えれば論理的思考力は伸ばすことができる**ということです。

巷(ちまた)には論理的思考力を鍛える本が星の数ほどあるので、ぜひ活用していただければと思いますが、ここでは私が部下の育成でよく使っていた論理的思考力の訓練方法を2つ紹介します。

◎訓練方法① 結論と論拠を簡潔に述べる

なにかを提案するときは「まず簡潔に結論を述べ、そのあと2、3の理由を、こちら

もできるだけ簡潔に述べる」。これを普段から部下に求めていました。たとえば会社であれば、

「部長、提案があります。A社との取引を前向きに検討してみてはどうでしょうか。理由は3つあります。1つは……」

といった具合です。プレゼンの定番テクニックでもあります。

ここまでカッチリしゃべる必要はありませんが、**「最終的な結論はなにか」「その論拠はなにか」**ということがスパッと言葉にできるか、いつもチェックしていました。なぜなら物事を論理的に考えた人であれば、その整理ができて当たり前だからです。

モヤっと考え、モヤっと結論に至った人は、それができません。論理的に考えるということは頭の中の考えを**言語化かつ構造化**できるということを肝に銘じましょう。

▼なにが目的でなにが手段なのか
▼なにが結果でなにが原因なのか
▼どの話とどの話は同じ階層の話のか

こうした思考の整理ができる人は「なぜこの結論になったのか説明して」と上司に言われたら、ホワイトボードにパパっとロジックツリーが書けます。そして論理的、構造的に考えられた提案であるほど、チームで議論をするときに論点が絞りやすく、話があちこちに飛ばない、実りある話し合いになることが多いのです。

私が部下に求めていた説明の仕方は、スタートアップの世界の**「エレベーターピッチ」**とほぼ同じです。投資家に対して自分がなにをしたいのか、なぜそれをしたいのかを30秒くらいの短い時間で伝えきる。優秀な起業家がそれをできるのも自分のビジネスプランについて四六時中、論理的に考え抜いているからです。

慣れないうちはうまくできないでしょう。幹部自衛官のなかにも「おいおい大丈夫か君」と思ってしまうほどグダグダな報告をする部下もいましたが、自分の若いころを振り返ってみれば人のことは言えません。**毎日の思考訓練を続けてさえいれば数年後にはロジカルな説明ができるようになる**ものです。

とにかく肝心なことは、考えがまとまっていない状態で、それがまるで「考え抜かれた提案」のように上司に話を上げないことです。ロジックが破綻していて裏付けデータもない中途半端な提案を上げることは参謀のやることではありません。上司に手助けしてもらうことは悪いことではないので、考えがまとまらないのであれば「頭が整理できないので相談に乗ってもらえますか？」と正直に言えばいいのです。

◎訓練方法② 接続詞にこだわる

普段からひとりでできる訓練方法としては**「接続詞」や「接続表現」に意識を向けること**が挙げられます。

接続詞は論理記号そのものです。命題に対して逆なのか裏なのか対偶（たいぐう）なのか、抽象化したのか具体化したのかなど、論理的思考力が高い人は接続詞の使い方が的確で、話が非常にわかりやすい特徴があります。

ただし、口頭ベースでは接続詞の使い方が曖昧でも話の勢いで押しきれてしまうことがあるため、私のおすすめは**文章を書くときほど接続詞にこだわる**こと。報告書、メール、提案書、チャットなどビジネス文章を書く場面はたくさんあります。いったん文章を書き終えたら接続詞だけでも確認するくらいの意識でロジックを整えましょう。

私は部下からの報告や提案は必ず文章化させることを基本にしていました。これは海上自衛隊の文化でもあります。もちろん、口頭でのコミュニケーションも取りますが、それは「命令や訓令が正しく伝わっているかお互い確認するため」という意味合いが強く、職場における意思疎通のベースは文章であるべきです。

その背景には「人は思っていることを口にした段階でその6割しか言葉にできず、それを聞いた人はさらに6割しか理解できない」という、海上自衛隊に伝わる**「6割の法則」**というものがあります。

つまり口頭で伝えた場合、0・6×0・6＝0・36で思っていることの**4割弱しか伝わらない**ということ。「大事なことは口頭で直接伝えなければ」と考える人がたまにいますが、実はそうではないのです。

しかも日本的組織には「あうんの呼吸」や「空気を読む」といった非言語コミュニケーションが多く、上司と部下のコミュニケーションミスを生み出す原因になっていると感じます。

文章にしたからといって、思っていることが100%伝わるわけでもありません。しかし口頭と違って文章は、書くときも読むときもじっくり考えることができるメリットがありますし、忘れたときに確認することもできます。

いまやLINEワークスやチャットワークという便利なツールもあり、若い人にとって文書で伝え合うことは苦ではありません。文書化するメリットを生かし、ロジックについてできる限り整理する癖をつけることが重要です。普段あまり接続詞を意識していない方は、ぜひお試しください。

意思決定の仕方には「型」がある

科学的思考力を身に付けたところで、優れた提案ができたり、さまざまな状況下において正しい意思決定ができたりするとは限りません。筋トレをしたところでホームランが打てるわけではないのと同じです。

自衛隊ではさまざまな意思決定を担うことになる幹部自衛官に対して、正しい意思決定の仕方を教えます。具体的には「作戦要務」と呼ばれるカリキュラムで、幹部候補が30歳くらいになると、状況に応じた最善策を自ら考え、部隊で実施する方法を学ぶのです。

意思決定は高度な知能をもった人類だからこそできる実に複雑な行為です。とくに人の命がかかっている戦場や、何億円といった予算が動く企業のプロジェクトなどで意思決定を下すことは、頭脳的にも精神的にもなかなか負担の大きいことです。なにが正解かわからずいつまでも決断が下せない人や、「なにで悩んでいるかわからないけど悩んでいる」という、悩み方で悩む人もいます。

その点、作戦要務は普通の幹部自衛官であれば、誰でも作戦計画を立てられるようにアメリカ海軍が体系化したもので、間違いなくビジネスの世界でも応用できます。

手順は次の5つに分けられます。ようは「意思決定で悩むときはこの順番で悩もう」という意味でもあります。みなさんもぜひ活用してみてください。

【作戦計画立案の手順】

①任務の明確化

なんのためにそれをするのか？　期日は？　目的は？

②情報の分析

相手の状況はどうなっているのか？

③最善の行動方針の決定

自分がとるべき行動はどれなのか？

④文章化による伝達

正しく命令が伝わるか？

⑤実施の監督と連続情勢判断

正しく命令が実行されているか？　環境条件は変わっていないか？

このうち手順の④と⑤は意思決定後のリーダー側の話なので、この章では詳しく取り上げません（手順⑤の「連続情勢判断」は第5章で取り上げます）。しかし、前半の手順①から③はまさに参謀が深く関わる領域なので、それぞれ詳しく説明したいと思います。

【任務の明確化①】

すべては使命の分析からはじまる

どんな仕事でも必ず目的があります。仕事を与えられたらまずはその目的を考える。これが自衛隊の指揮官や参謀たちに叩き込まれている習慣です。

たとえば上司から資料を作ってほしいと言われたとします。ここでセンスのない人は、どんな情報を載せるかだけを聞き出し、「わかりました」といって作業に入ります。しかし、本当にそれでいいのでしょうか。上司の思い描く「理想の資料」を一発で仕上げる自信があるのでしょうか。

自分がいまから着手する仕事が組織全体のなかでどんな意味合いを持ち、上司はどんなレベルのアウトプットを求めているのか。こうした物事の本質に立ち返ることを、実際に手を動かす前に徹底的に行なう。この一連の工程を海上自衛隊では**「使命の分析」**と呼んでいます。使命の分析とは具体的には以下のような「目的、目標、手段」からなる**「目標系列」**の中身を明らかにすることを言います。

目的：最終的にたどり着きたい到着点
目標：目的を実現するために必要ないくつかの数値化された指標
手段：目的や目標を実現するために必要なアクション

これらをすべて言語化し、文章としてまとめられる状態を目指します。

たとえば「〇〇（目標）のため××（手段）をする」は、みなさんも普段から仕事のなかでされていると思いますが、海上自衛隊では、その「〇〇（目標）」の上位にある「目的」、別の言い方をすれば、**上司の上司の「意図」**まで明らかにしたうえで「手段」を考えよ、としています。

つまり、「どんなことをするか」という具体的な話に入る前に、**「そもそも何のために、それをするのか」**をまず考えるのです。企業の存在意義を意味する「パーパス」に基軸を置いた次世代の経営モデルとして注目を集める「パーパス経営」に通じる考え方と言ってよいでしょう。

わかりやすくいえば、課長から頼まれた資料づくりは課長の「意図（何のためなにがしたいか)」を目に見える形にすることですが、もしその「資料」が、課長の上司である部長が社長に報告すべきものならば、求められる内容はまったくレベルの違うものになるのです。

もし、上位の目標がわからなければ聞きましょう。たとえば、「承知しました。ところでこの資料はどこで誰向けに使うのかお聞きしてもいいですか？　目的次第では作り方に一工夫できるかなと思いまして」というように伺うわけです。ただし、ここで「目的がわからない限りやりません」という態度をみせると上司の信頼を失うリスクがあるので、あくまでも**「いい仕事をしたいからもっと情報をください」という雰囲気を醸し出すのがコツ**です。

ちなみに航空自衛隊には、「意図伺い」という用語があります。部下が使命の分析で悩むくらいなら「意図を直接聞きに行きなさい」ということです。海上自衛隊の潜水艦・航空部隊と同様、「空軍」は世界の軍隊で戦後新しくできた組織ですから、航空自衛隊こそ欧米そのものの思考過程をもっているといえます。

使命の分析を行なう理由は命令を出す側と命令を受ける側ができるだけ同じベクト

図解 任務の明確化に必要なものは？

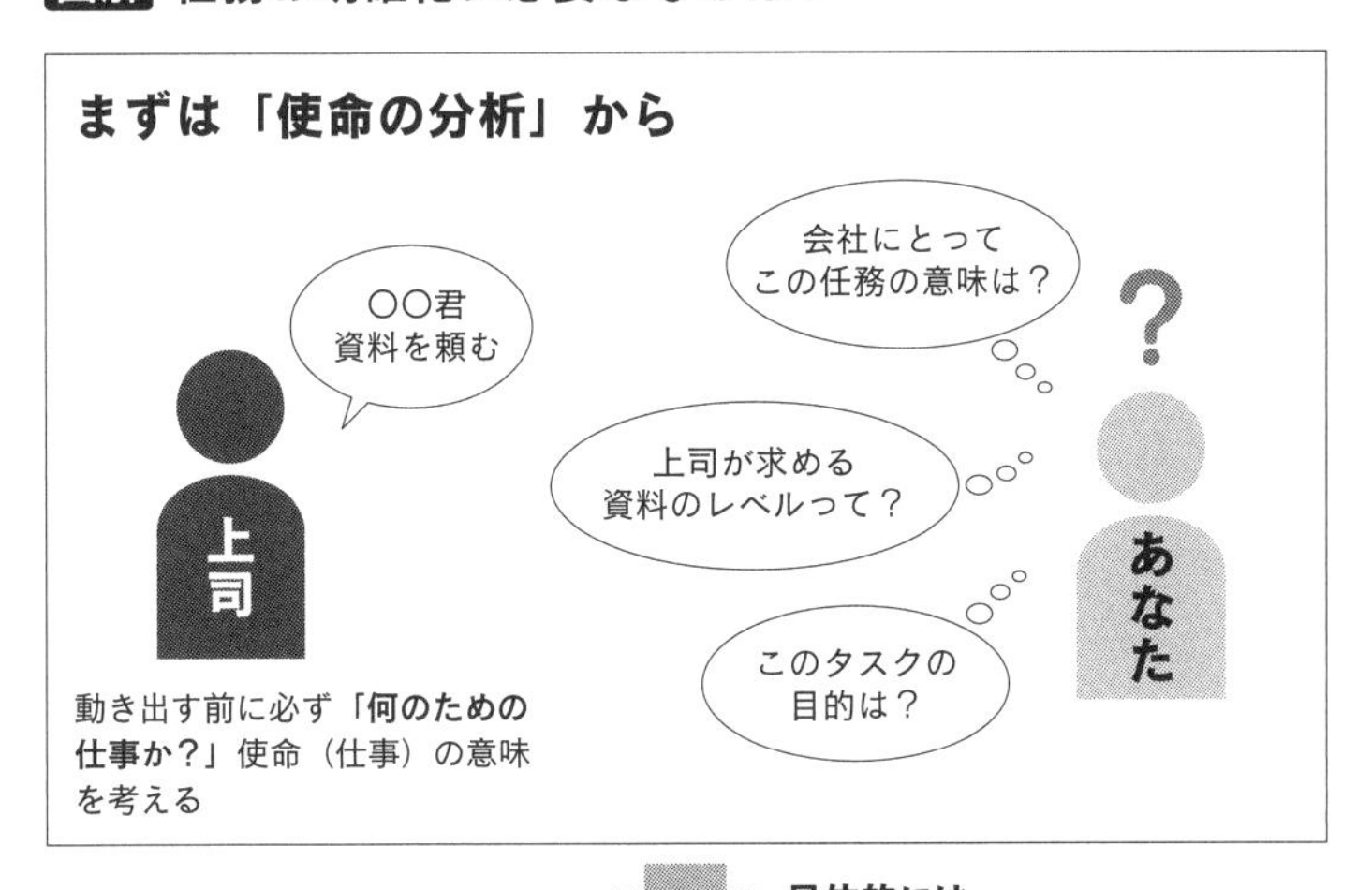

具体的には…

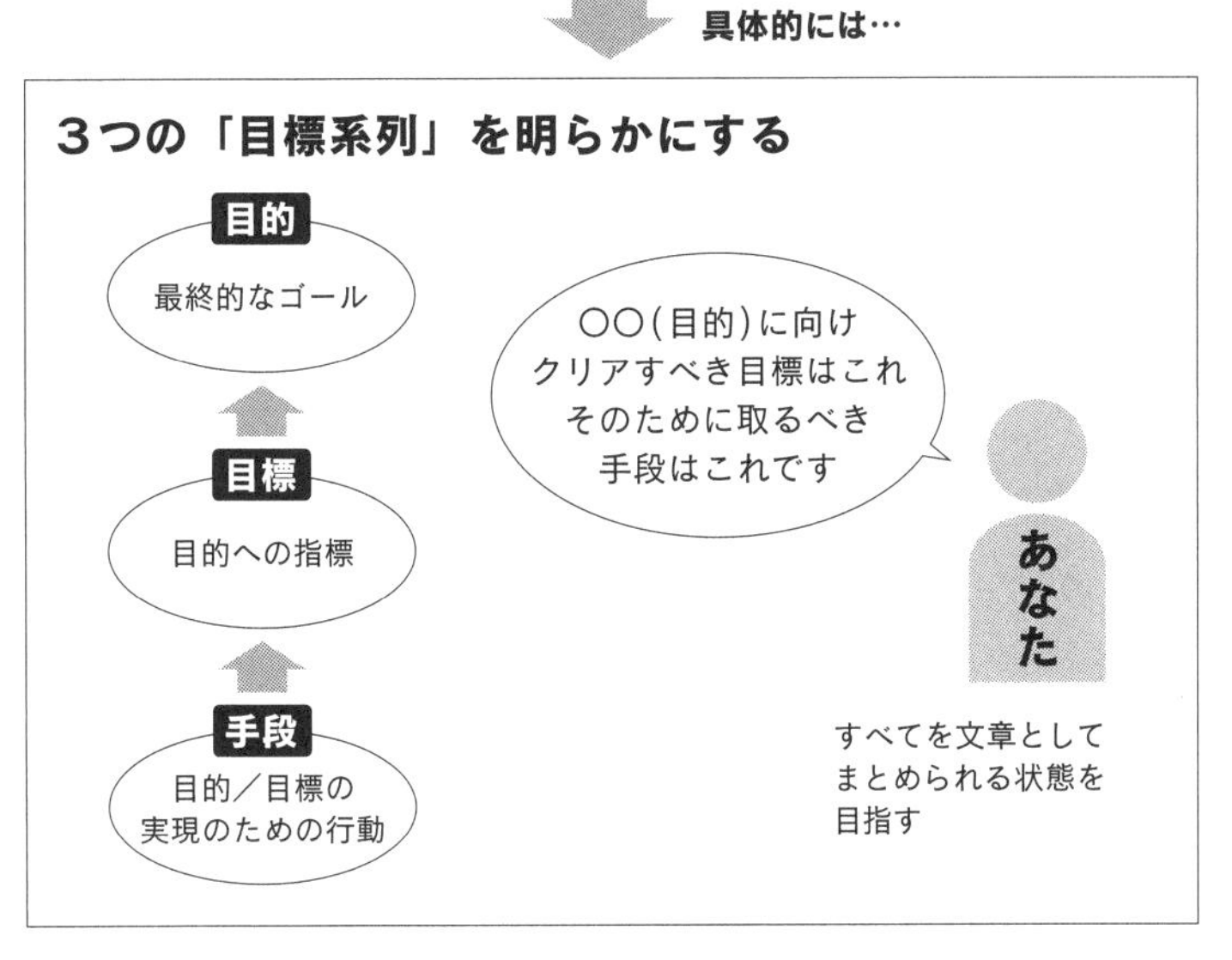

ルを向くためです。ビジネスの世界では目標系列と似た概念として**「目標連鎖」**という言葉があります。

係長が目標を達成することで課長の目標が一部達成され、課長が目標を達成することで部長の目標が一部達成されるといったような、**経営トップから末端のメンバーまで組織全員の目標が連なった状態**のことをさします。

この連鎖が太いほど、組織全体で効率よく同じ目標に動いている状態。逆に連鎖が細いほど、各自のベクトルがバラバラで、非効率に動いている組織であることを意味します。

いい参謀とは上司の単なるイエスマンではなく、**「理性ある服従」**ができる人材であると自衛隊が考えるのも、軍隊や企業のように集団でなにかを成し遂げることが宿命づけられた組織では、目標連鎖は太いほどいいからです。そしてその目標連鎖のズレを修正して太くする手段が、まず使命の分析を行ない、目標系列を明確にすることなのです。

また、これを20代のころからやっていれば、30代、40代と経験を積むにつれ大きな差となって表れてくることになり、将来よい指揮官になることができるのです。

【任務の明確化②】レイテ沖の「謎の反転」はなぜ起こったのか？

使命の分析といえば太平洋戦争における栗田艦隊によるフィリピン・レイテ沖での「謎の反転」を取り上げないわけにはいきません。帝国海軍が犯した歴史的凡ミスの象徴として未来永劫(えいごう)語り継がれる出来事です。

読者のみなさんのなかには歴史が苦手という方もおられると思いますが、使命の分析とくに任務の明確化について考えるうえで、重要なヒントがいくつも含まれているので、ちょっとだけ辛抱してついてきてください。

この「レイテ沖謎の反転」については、戦後にさまざまな考察がなされていますが、私はこの失敗は栗田中将が**使命の分析を怠り、勝手に使命を置き変えた**ことで生じたと思っています。

戦艦大和に乗り込み第一遊撃部隊を率いた栗田健男(たけお)中将に課せられた使命は、レイテ島に向かっているアメリカ軍の上陸部隊を壊滅させることでした。これはアメリカ軍によるフィリピン奪回とその支配を阻止するためにはどうしても成し遂げないといけない重大任務だったのです。

◎「敵主力艦隊発見」で〝なにが目的か〟を見誤る

一方、栗田中将の頭の中には「敵主力艦隊との決戦なくしてレイテ湾突入作戦は不可能であり、敵上陸部隊か敵主力艦隊かとの二者択一が迫られた場合は、主力艦隊との決戦を断行する」という「艦隊決戦」思想がありました。

また、他の日本の艦隊による「おとり作戦」で、敵主力艦隊はレイテ沖から引き離されていましたが、まだレイテ湾には、それなりに強力な艦隊が残っていたため、突入した場合、自分たちも全滅する可能性が高い、と栗田中将が判断したともいわれています。

実際、「謎の反転」直前までのレイテ沖海戦は栗田艦隊を含む4個艦隊が参戦し、日本は計18隻の船を失う激しい海戦だったのです。

しかし、それだけ激しい死闘となったのも、他の艦隊が自分たちの命を犠牲にしてでも栗田艦隊をレイテ湾に送り込み、敵の上陸作戦を阻止するという使命に燃えていたからです。

そんななか、栗田中将は自部隊の戦艦武蔵を失いながらもレイテ湾にたどり着きます。第一目標である敵輸送部隊は目の前。米軍もこのときばかりは観念したようで、のちにマッカーサーは、

「もはや勝利は栗田提督のふところに転がり込もうとしていた」

と述懐しています。映画でいえばまさにクライマックス。あとは突撃して主砲を撃ち込むだけ、というところで旗艦・戦艦大和に入ってきたのが「敵主力部隊発見」という一報でした。

これを受けた栗田中将は、目の前の攻撃目標を勝手に放棄し、レイテ湾を離れ、敵主力艦隊の索敵に向かってしまったのです。しかし、結果的にその情報は誤報でその間に敵上陸部隊は上陸に成功し、日本はフィリピンを失うことになります。これが「謎の反転」の要約です。

栗田中将が使命に従って敵の上陸部隊を攻撃していたら、その後の戦況は大きく変わっていたでしょう。ただし、私は現場の指揮官が独自に判断してはいけない、と言いたいわけではありません。

むしろ、現場の指揮官は状況に応じて柔軟に判断をすべきです。しかし、自分に課せられた「目標」の先の「目的」を無視した勝手な判断は、**ただの「現場の暴走」であり、絶対に許されない**ということです。

レイテ沖作戦の「目標」は「敵輸送部隊の撃滅」でしたが、「目的」は「アメリカによるフィリピン支配の阻止」でした。目的を果たすうえでは、栗田艦隊は全滅する覚悟でレイテ湾に突入する必要があったのです。

この事例から私たちが学べることは、「最上位の上司の意図や全体像を把握していないで下す現場の判断は極めて危険」ということです。みなさんの普段の仕事に当てはめれば、**「そもそも会社はなにを求めているのだろう?」**という視点を常に忘れないようにしましょう。

図解 なぜ「レイテ沖・謎の反転」は大失敗なのか

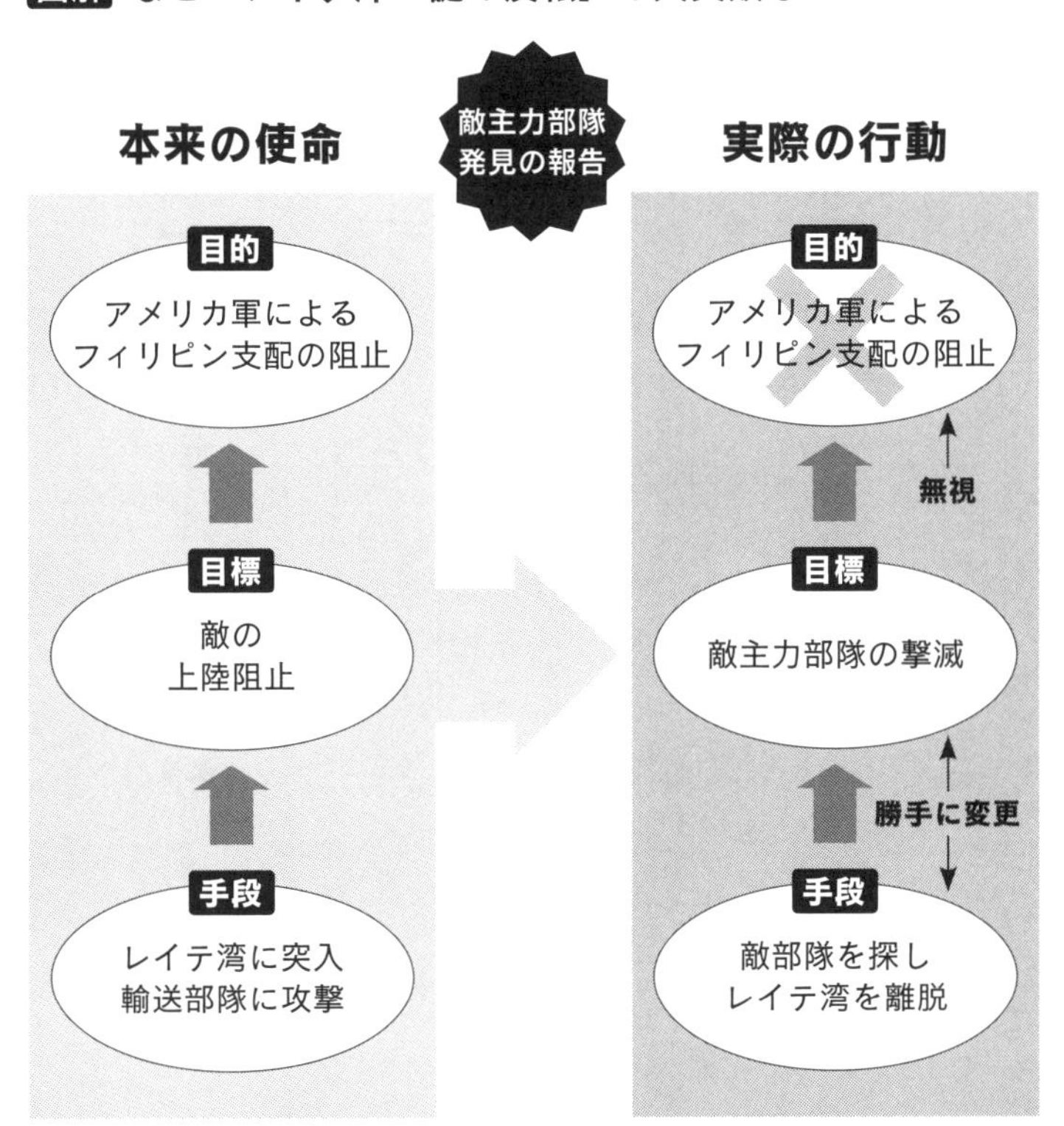

最上位の目的を無視した
現場独自の判断は「ただの暴走」

【情報の分析①】

マーケティングリサーチ

使命の分析ができたら次は情報の分析です。一般企業におけるマーケティング活動においても、まず市場調査とその分析を行ないますが、それと同じとイメージしてもらえばよいでしょう。海上自衛隊では情報の分析の仕方もフォーマット化されています。それは次の通りです。

① **地域情勢や敵の情報を集め、整理し、分析する**
② **敵の可能行動**（取りうる行動）**を列挙する**
③ **その中から、敵がどの行動を取るか見積もりを行なう**

ビジネスのマーケティングでいう「情報の分析」は、手順①、つまり情報の「収集・整理・分析」で完結すると思いますが、軍事組織の場合、**敵の可能行動を見積もる**ことまでをもって「情報の分析」ととらえています。

ビジネス戦略も競合がいることが前提ですから、たとえば「新規事業の立ち上げ」という会社の課題解決や、「転職活動」や「出世競争」、「資産運用」といった個人レベルの意思決定でも使えます。

【情報の分析②】情報整理のコツは「分けること」

情報の分析の3つの手順のうち、もっとも時間を割くことになるのは手順①の**「情報の収集、整理、分析」**かもしれません。

先ほどコラムにも書きましたが、私はかつて海上幕僚監部の情報部で働いた経験があります。情報部は海上幕僚長に報告を上げる情報を世界中から集め、整理し、分析することが仕事です。まさに手順①を専門で行なう部署で、それらの情報に基づき実際の行動計画などを考えるのは防衛部が担っています。

自衛隊が普段どのように情報分析しているかはここで明かすことができませんが、今後、参謀として大量の情報を処理していくことになる方々に最低限覚えてほしいのは、**集まった情報が雑多に感じたら、とりあえず「分ける」**こと。そもそも「整理」とは「グループ分け」することですから、まずはこれをしてみましょう。

自衛隊ではあらゆる情報をまず「属性」で分け、「カテゴリ」でさらに分けるという手法を取っていましたが、用語はあまり重要ではありません。ざっくり「大グループ」で分けてから、必要に応じて「中グループ」や「小グループ」に分けるということです。たとえば自社商品に対する意見をユーザーにヒアリングしたら、価格についての意見、機能についての意見、デザインについての意見など、多方面からフィードバックがあるはずです。

情報分析に不慣れな人は、ここで集まった情報の多さに圧倒されるのですが、情報のプロであれば「よし、じゃあ分けていこうか」と、淡々と調査結果をグルーピングしていくことができます。ブレストで出てきたアイデアを整理する手法として日本人が考案したＫＪ法をご存じの方も多いはずです。ＫＪ法でもまず大きな分類でアイデアをグルーピングし、そこにラベルをつけ、さらに中・小グループで分けられるものは分けていきます。それと同じです。

最初に分ける大グループの作り方のコツは**「重複させない」**ことです。そのためにはまず分類するためラベリング（ラベルを貼ること）が必要です。雑多な情報を、必ずどこかには放り込める「入れ物」を作り、グルーピングするということです。たとえば部屋に散乱したものを整理するときの大グループを考えてみましょう。

▼**大量のゴミを捨てる**
↓ゴミの分類（可燃、不燃、資源、捨てないもの）で分ける
▼**雑多なものを片付ける**
↓定位置の部屋（キッチン、寝室、書斎、捨てるもの）で分ける
▼**洗濯物を片付ける**
↓所有者（父、母、長男、長女、共有物など）で分ける

このように片付けの例にすると誰でも理解できるはずです。経験則でグルーピングの仕方がわかるからですね。小さいこどもに同じことをさせてもなかなかできません。

そもそも小さな子どもは部屋がどれだけ散らかっていても「おもちゃが見つからない」と泣くだけで、「じゃあどうしよう」という発想になりません。

情報整理も同じで、まずは**「情報が散らかっていて考えがまとまらない」と気付くのが初めの一歩**です。「情報整理が苦手だ」という人も、実際に情報を整理していくことを何度か経験していけば、小さなことの積み重ねで必ず情報整理がうまくなるので安心してチャレンジして下さい。

また、会議で議論があちこちに飛んで、話が前に進まない経験をしたことはあるでしょう。これも情報整理が苦手な人ばかりが集まる会議でよく起こります。しかし、その場にいる全員が情報整理のプロになる必要はなく、ひとりでも情報整理が得意な人が積極的に交通整理をするだけでこの問題は解決します。

たとえば会議の企画者が「次回の営業会議では喫緊（きっきん）の課題である新規開拓に絞って議論しましょう」と提案すれば、議論も散らかりにくくなるはずです。そうした提案も普段から「営業」という幅の広い業務を「新規開拓」「プレゼン」「クロージング」「リピート」といったプロセス毎に整理して考えているからこそできることです。

参謀を目指すなら**情報を分けることは当たり前の習慣**にしましょう。

図解 情報の整理＝「分けること」

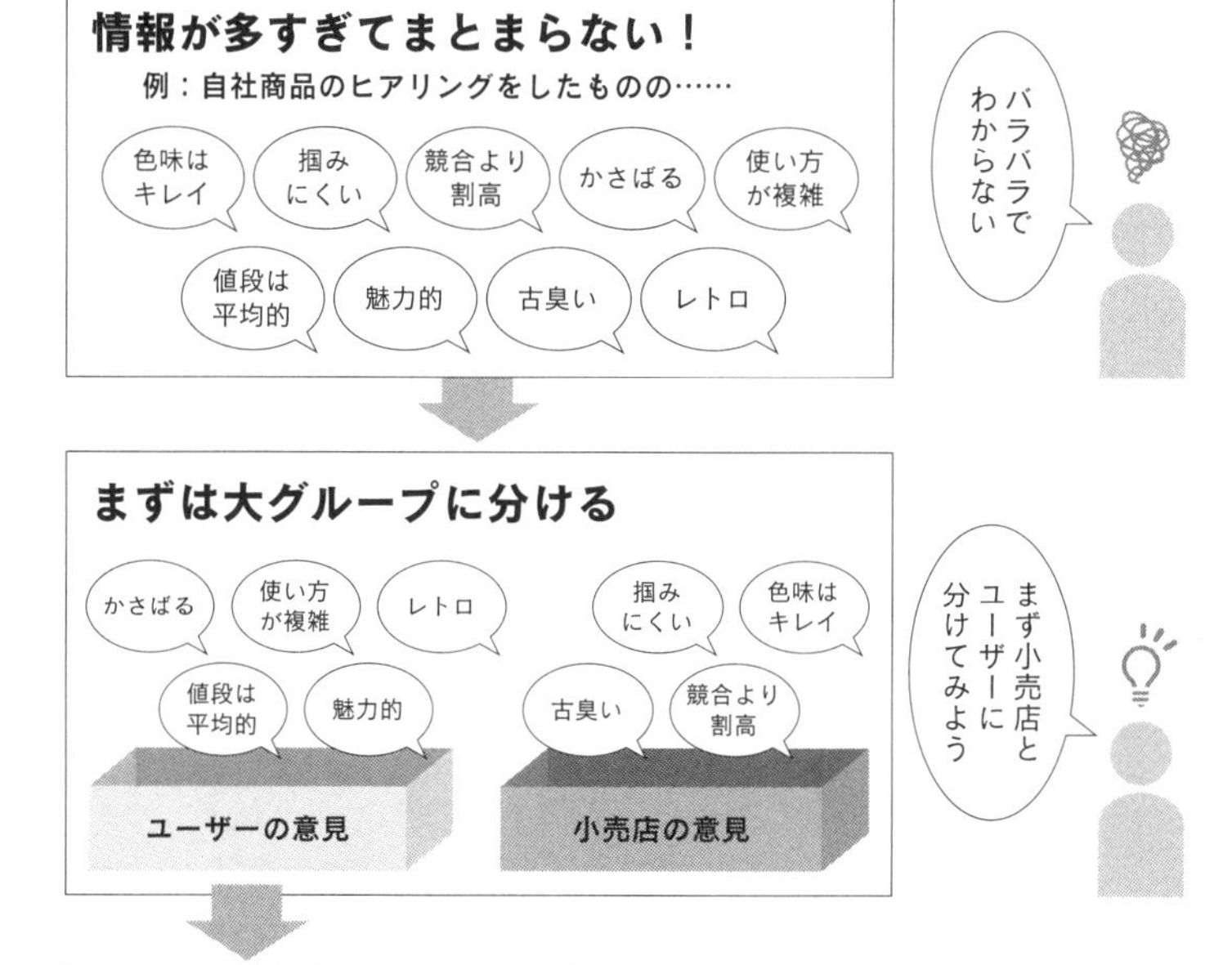

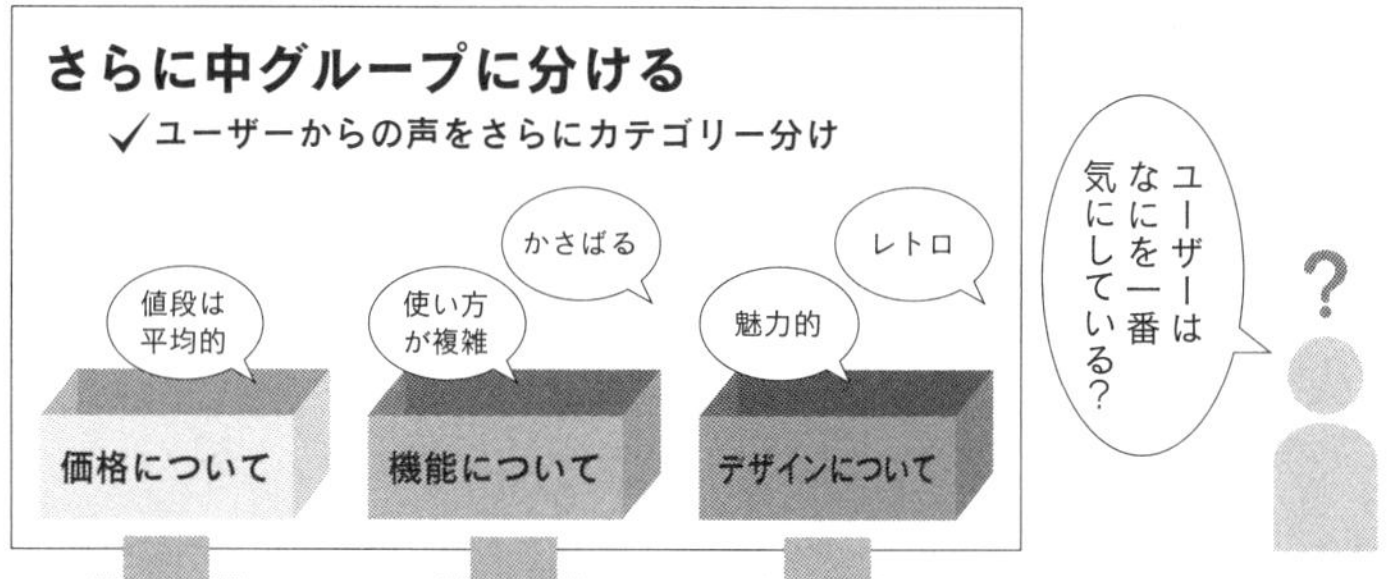

さらに小グループに分け情報の精度をアップする

【情報の分析③】

情報見積は「相手の立場」で考える

情報の分析の手順②と③は、敵の可能行動(取りうる行動)を列挙し、どれを選ぶ可能性が高いのか見積もることでした。これは**「相手が今度どう変わる可能性が高いのか」**を考えてみるということです。

ビジネスのマーケティングの場合は、市場調査やデータ分析だけで、自分の会社の「行動方針」つまり「打ち手」を考えます。しかし、スポーツもそうですが、相手がいる戦いの場合は、「相手の打ち手」まで考えたうえで、自分の行動方針を決める必要があるのです。

「敵の可能行動」という言葉は軍事の世界で日常的に使う言葉です。はじめて聞く方も多いでしょう。その前提となる考え方は**「相手は相手の思考過程のなかでものごとを考える」**ということ。「自分だったらこうするけど」という考え方だけでは、情勢を見誤る危険が高くなります。

たとえば最近は連日ロシアとウクライナの情勢に関する報道がありますが、それをごく普通の平和慣れした日本人の感覚のまま捉えてしまうと、「プーチンは犯罪者だ！いますぐ攻撃をやめろ！」といった意見くらいしか出てきません。

しかし、本気でプーチンの暴走を止めたいＥＵ諸国の国防・外交・諜報関係者は、

「なぜプーチンは世界を敵に回してもこんなことを続けるのか？」

「彼の意思決定に影響を及ぼしている人物は誰か？」

「プーチンの思い描く近未来はどんなものなのか？」

「彼の心理状態はどんなものなのか？　そこに変化はあるのか？」

といったことまで踏み込んで分析を行なっています。そこまで考えないと平和を実現する最善の手立てが思いつかないことを知っているからです。

よく考えれば、ビジネスでも同じなのかもしれません。商品開発をするときに、

「こんな機能をもった商品は市場にない。これが出れば消費者は歓喜するはずだ」

といった１００％作り手側の思考で生まれた商品があるとすれば、いかにも大ゴケしそうです。なぜなら、消費者のリアルな声を反映していないからです。

では、消費者の可能行動がわからないときはどうすればいいか？

そこは**「ファクトにこだわる」という基本に立ち返ればいいだけ**です。具体的には、プロトタイプを作ってインタビューをしたり、地域限定でテスト販売をしたりしてフィードバックを集め、商品をブラシュアップしていけばいいのです。

新規事業開発やスタートアップの世界では、これを**「顧客開発モデル」**といいます。開発したものをテストしてもらい、失敗したらそこから学びを得て、次の開発に活かす。これを繰り返すことで、消費者の可能行動を知る方法です。

軍事はいかに相手の先手をいくか、裏をかくかで勝敗が決する世界でもあるため、**「相手の立場になって考える」**ということに対して徹底的にこだわります。

たとえば、軍隊が模擬戦闘訓練を行なうときはＯＰＦＯＲ（オップフォー）（対抗部隊を意味するOpposing Forceの略）と呼ばれる仮想敵部隊を必ず設定します。リムパックの事例がそうだったように、日米で合同訓練を行なうときは私たち日本の潜水艦はＯＰＦＯＲ役を担うことが少なくありません。私も艦長としてソ連海軍の戦術や装備を徹底的に頭に叩き込み、訓練のときも「ソ連の潜水艦ならこう動くだろう」という想定で演習部隊と戦ったものです。

ちなみに、2022年に続編が大ヒットした映画「トップガン」（1986年公開）では米軍のF-14トムキャットとソ連を意識したMiG-28という架空の戦闘機によるドッグファイト（空中戦）が見どころになっています。

劇中でこのMiG-28を操縦したのは米海軍のエースパイロットであったロバート・ウィラード海軍大将。のちに米軍太平洋艦隊司令官を務めた人物です。ウィラード大将は現役時代、OPFOR役としてソ連の戦闘機の動きを完璧に模倣できる伝説のパイロットでした。

本気で勝負で勝ちたいならそれくらいのこだわりが必要ということです。なにがなんでも競合に勝ちたいなら「ズルい」と言われようと相手企業の役員クラスやその参謀を引き抜くくらいの気概が必要なのかもしれません。

また相手の出方を見積もるときにひとつ覚えておくといいのは、脅威というものを**「能力×意図」という2つの要素に因数分解**することです。たとえば、いまの日本にとっての軍事的脅威を考えるとき、アメリカは「能力」が突出して高いですが日本を攻める「意図」はゼロなので、脅威にはなりません。

この考え方はビジネスでも使えます。

みなさんの会社が、ある既存の市場に参入することを検討しているとしましょう。そこにはすでに競合相手がいるわけですが、それらの企業を一つ一つ**「能力」と「意図」でランク付け**してみる。その場合の能力とは技術力や営業力、事業規模などを総合したもので、意図は拡大意欲と考えればいいでしょう。

たとえば大手企業がすでに参入していたとしても、情報を集めたところ現在の経営陣はその事業に後ろ向きなのかもしれません。だとすれば、大掛かりな事業投資は今度しないかもしれない、という推論ができるかもしれません。もちろん、こうした分析も徹底的な情報収集のうえで可能になることです。ただし、ここでもあくまでファクトに基づき、希望的観測などが混入しないよう注意しましょう。

図解 情報見積もりのコツ

相手の脅威を“因数分解”する

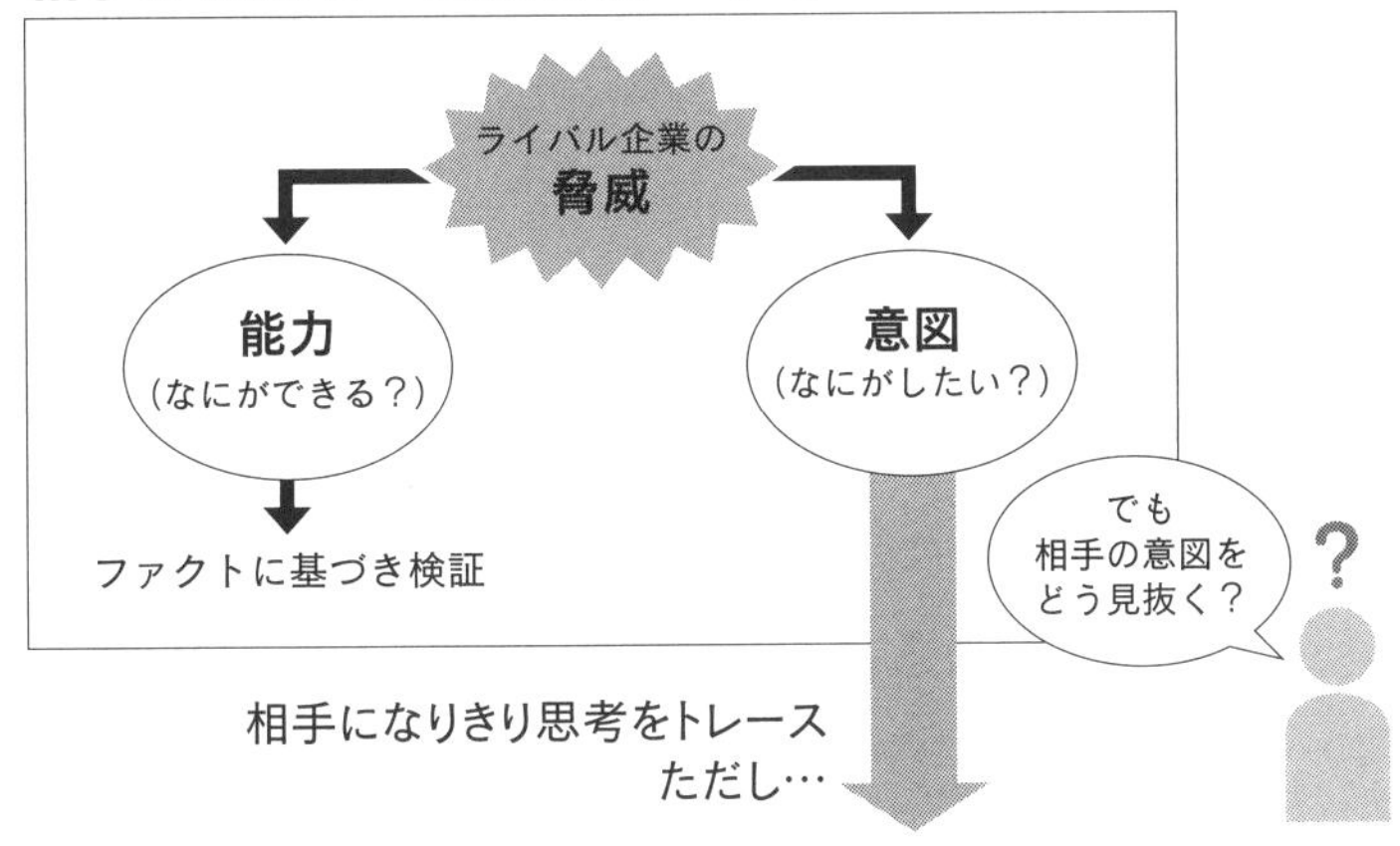

「科学的思考力」でファクトに基づきなりきる！

【最善の行動指針の決定①】取りうるアクションを列挙する

任務の明確化と情報の分析が済んだら、いよいよ意思決定の段階です。このとき、あくまでも思考の起点は「敵の可能行動」に置き、それを基に「自分の行動」を考えていきます。「敵の可能行動」が複数ある場合は、「自分の行動」も複数考えます。

さて、ここで注意したいのは、いきなり結論を出そうとしないことです。まず考えたいのは**「取りうるアクション」**であり、**「取るべきアクション」**ではありません。とにかくアイデアを発散してください。

たとえば、チームに遅刻の常習犯がいて上司がどう対処すべきか悩んでいるとします。参謀であるあなたにも相談されました。みなさんならどんな対処法を思いつくでしょうか。普通に考えれば「きつく叱る」「解雇をちらつかす」「罰金制を導入する」「『これからは信用の時代だよ』といった優しい切り口で説得を試みる」といったアクションが思いつくでしょう。

しかし、本当にそれだけでしょうか？

もし歴代の上司たちが散々言っても治らないのであれば、正攻法では効果は薄そうです。そこでさらにアイデアを発散していけば「あえてリーダーをやらせてみる」といった逆転の発想や、「私生活で問題を抱えていないか探りを入れる」といった根本原因を探るアイデアも出てくるかもしれません。

そして、もっと柔軟に考えれば「世の中には夜型の人もいるのだから、この際、フレックス制を導入する」という、大胆なアイデアが出てきてもおかしくないわけです。

ここでいうアイデアとは**目的を達成するためのルート**（道筋）のことです。提案力の低い人ほど頭の中に思い浮かぶルートが少ないと感じます。もし、あなたが提案力に自信がないなら、**とにかく発散作業で粘る**ことです。自分ひとりで思いつかないなら、上司や同僚たちを撒き込んでブレストをしたり、日ごろから本をたくさん読むなりして、脳の引き出しを増やしていく努力が欠かせません。

【最善の行動指針の決定②】

判断基準を絞って比較する

取りうるアクションの選択肢が出そろったら、次にやることは**「比較」**です。すんなりと答えが出せる場合もありますが、悩むときは延々と悩むことになる工程でもあります。ではなぜ人は悩むのでしょうか?

それは、**大半のことは判断基準がひとつではない**からです。

ランチひとつを選ぶにしても「味」「予算」「カロリー」「バラエティ」「インスタ映え」など複数の判断基準が考えられます。もし「インスタ映え」しか考えない極端な人なら判断基準がひとつなのであまり悩まないでしょうし、逆に「ダイエットもしたいし、節約もしたいけど、美味しいものが食べたい」という欲張りな人は判断基準が増え、悩むことになります。

海上自衛隊がアメリカ海軍から学んだ作戦計画立案時の判断基準(評価基準)は、以下の3つがあります。

▼**適合性**（Suitability）
使命と適合しているか？　上司の望み通りの結果が期待できるか？

▼**可能性**（Feasibility）
自分の能力やリソースで遂行可能か？

▼**受容性**（Acceptability）
予想される損失は受容可能か？　費用対効果は妥当か？

この3つの判断基準をセットにして行動方針を比較検討することで、意思決定の精度は上がります。基準が1つだと判断を誤りやすいですが、逆に多すぎても答えがでません。3という数字が絶妙だと思います。

このなかで、とくに重要なのが**「適合性」**です。「可能性」や「受容性」に関しては具体性のある話なので自然と意識が向きやすい領域です。会議で決めるとしたら一番議論が白熱するところでしょう。一方の適合性は、再三言っているように**「使命の分**

析」というプロセスを経ていないと、つい忘れがちなことです。

どれだけ可能性や受容性が二重丸の方針であったとしても、使命と適合していない方針を取った時点でそれは「誤った判断」です。3つの判断基準がすべて二重丸になるような理想的な方針が毎回思いつくわけではありませんが、少なくとも適合性は基準を満たさないといけません。

海上自衛隊の幹部自衛官が行動指針の決定について学ぶとき、「日露戦争におけるバルチック艦隊の迎撃位置」という命題がよく取り上げられます。

連合艦隊司令官であった東郷平八郎元帥の使命はバルト海から回航してくるロシアのバルチック艦隊のウラジオストック帰港を阻止し、部隊を殲滅(せんめつ)させることでした。仮に敵艦隊の帰港を許せば戦況は一気に不利になり、敗戦に終わる可能性がある最重要の使命だったのです。

ロジェストヴェンスキー提督率いるバルチック艦隊の可能行動は2通り。対馬海峡を通るか、津軽海峡を通るかです。

一方、連合艦隊が考えうる待機場所は、

▼対馬海峡をカバーする「鎮海湾（ちんかい）」
▼津軽海峡をカバーする「陸奥湾（むつ）」
▼中間に位置する「隠岐島（おきのしま）」
▼中間に位置する「七尾湾」

この4つの選択肢がありました。衛星画像もインターネットもない時代ですから非常に難しい選択です。敵部隊の殲滅という使命との適合性で考えると「鎮海湾」か「陸奥湾」。しかし、逆を突かれたときの損失の受容性で考えると「隠岐島」か「七尾湾」になります。

ここで東郷元帥はどんな決断を下したかというと、津軽海峡に機雷を設置して部隊は鎮海湾で待ち続けました。機雷を設置したのは読みが外れたときの損失を抑える（＝受容性を高める）ためです。

そして１９０５年５月、元帥の読みが的中し、当時世界最大級と言われたバルチック艦隊が対馬沖に現れます。東郷元帥の参謀だった秋山真之（さねゆき）中将が大本営に対し、かの有名な「本日天気晴朗ナレドモ浪高シ」という電文を打った瞬間です。三日間の海戦の結果、日本はほぼ無傷のままロシアの部隊を壊滅させ、西洋社会を驚かせることになりました。

ビジネスでも相手がどう動くかわからず判断がつかないケースはよくあるでしょう。そういうときこそ**「適合性」「可能性」「受容性」**という３つの判断基準に敢えて絞り、マトリクスなどを使って冷静に分析をするという、論理的なアプローチが有効になるのです。

迷ったときは「51：49」の法則

帝国海軍以来の意思決定の考え方として、海上自衛隊には**「51：49」の法則**と呼ばれる教えがあります。二者択一の場合、１００対0ということはありえません。人間ですから、どちらにすべきか常に悩むものです。その場合「こちらのほうがたぶん正しいと思う」と判断したのであれば、それは51％ということですから、そちらを選択し、とりあえずやってみようという考え方です。

日本海海戦におけるバルチック艦隊の例のように、一発勝負で国の明暗が決まる究極の決断などめったにありません。私たちが普段の生活や業務で下す意思決定はＰＤＣＡを回す前提でなされるものです。判断が誤っていたらそこから学び、次回は同じ判断ミスをしないように気をつければいいだけです。

大事なことは**その結論に至るまでにしっかり考え抜いたかどうか。**もし考え抜いたのであれば、「いまの自分に下せる最善の決定だ。失敗しても後悔はしない」と言い聞かせることができるはずです。こうした一種の潔さは、これからみなさんが人生のさまざまな局面で決断を下すときに背中を後押ししてくれるのはもちろん、将来リーダーになったときも重要になります。

たとえば潜水艦で敵を探すとき、艦長は進路を右に取るか左に取るか決めて、号令をかけないといけません。ここまでくると、もはや勘の世界です。でも、そこでリーダーが「ああ、どっちにしよう……。右にしようか、左にしようか……」と自信なさげな素振りを見せると、部下は動揺し、最悪、信頼を失います。

また「51：49」の法則の別の解釈の仕方として、「公の心」と「私心」が頭の中で戦っているときは**必ず「公の心」を51％のほうに置き、優先させよ**という考え方も帝国海軍では言われていました。優秀な参謀を目指すなら、こちらもぜひ覚えておきたい考え方です。

「見栄を張りたい」「ラクをしたい」「リスクを取りたくない」などと、人間の心は弱いものですから、自己防衛本能として私心は必ず頭をもたげるものです。

でも、いつもそれに負けていては、やらない理由を作るだけが上手な人間に成り下がり、結局組織のなかで信用されず、つまらない人生を送る結果になります。

使命の分析を行ない、上司のため、組織のためにベストなことはなにかを考え、あとは自分が頑張ればいいだけだとわかっているなら、私心に目をつむって「公の心」を選びましょう。

もちろん、心身を病むほど自分を犠牲にする必要はありません。しかし、「あの人はいつも組織のことを優先して考えて行動しているな」ということは伝わる人にはちゃんと伝わるものです。

第3章

【提案力／応用編】最高のブレーンを目指す

コンセプチュアルスキルのプロになろう

みなさんは**カッツモデル**をご存じでしょうか。ハーバード大などの教壇に立ったアメリカの経済学者、ロバート・カッツ博士が半世紀以上前に提唱したもので、組織の役職に応じた必要なスキルの割合をわかりやすくモデル化したものです。カッツ理論とも言います。

カッツ博士は組織の役職をローワーマネジメント、ミドルマネジメント、トップマネジメントの3つに分けました。平社員、中間管理職、幹部をイメージしてもらえばOKです。

スキルについてはテクニカルスキル、ヒューマンスキル、コンセプチュアルスキルの3つに分けました。テクニカルスキルは実務能力のことで、ヒューマンスキルはコミュニケーション能力やリーダーシップのような対人スキル全般のこと。

そしてコンセプチュアルスキルとは、直訳すれば「概念化スキル」ですが、**「難易度の高い意思決定をするときに欠かせない高度な思考力」**のことだと思ってください。そして、カッツ博士はそれぞれの役職に求められるスキルの割合を次のように整理しました。

▼ローワーマネジメント
テクニカルスキル中心
▼ミドルマネジメント
3つのスキルをバランスよく
▼トップマネジメント
コンセプチュアルスキル中心

図解 カッツモデル：立場で求められるスキルは違う

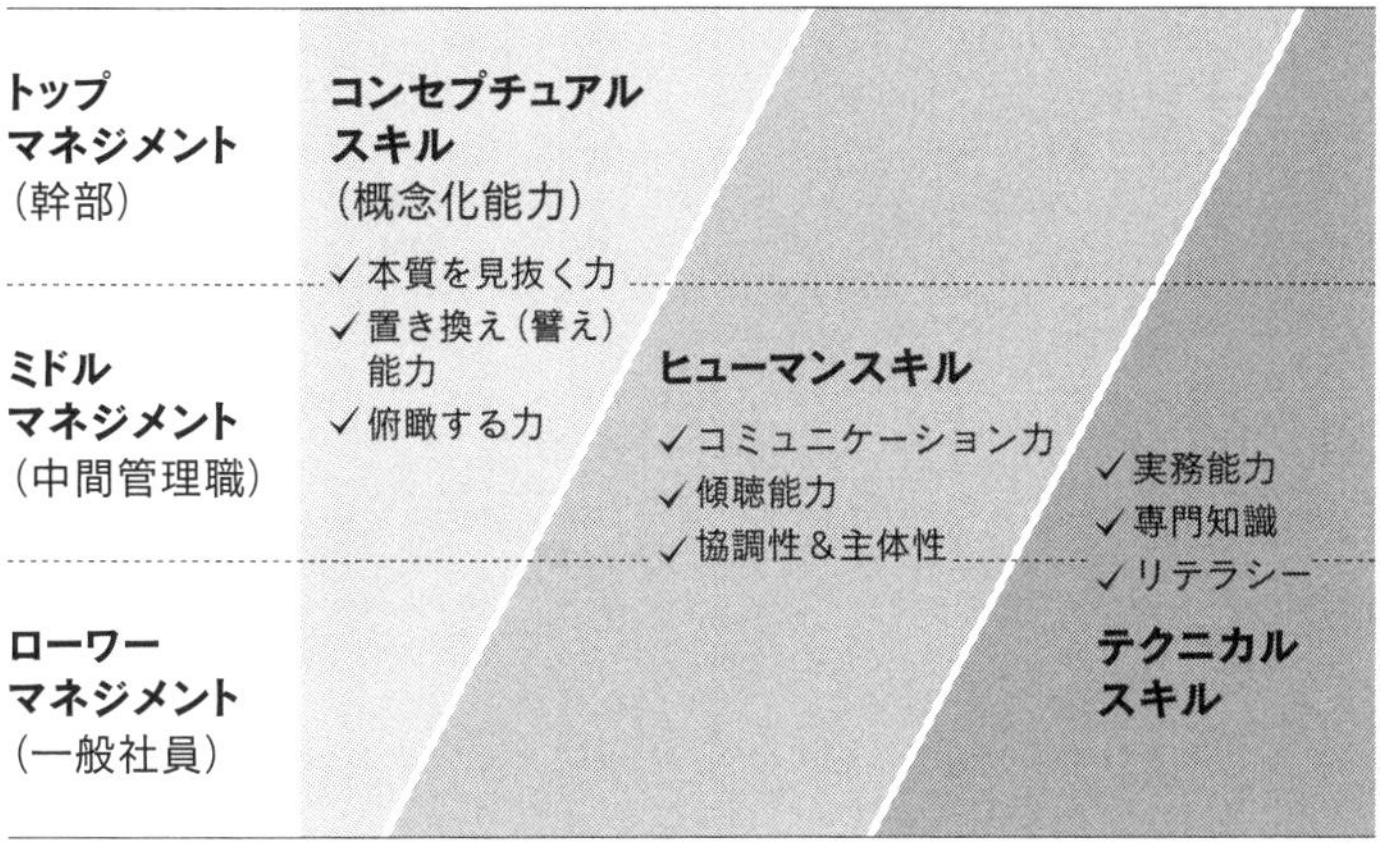

それぞれの立場でのスキルの比重の違いに注目。
上に行くほどコンセプチュアルスキルが重要に

非常にシンプルでありながら組織の本質を的確に表すモデルだと思います。このモデルから読み取れることは2つあります。

▼どんな役職でもヒューマンスキルが欠かせない

（ヒューマンスキルは次章で取り上げます）

▼役職が上がるにつれ、実務能力ではなく、
コンセプチュアルスキルが求められるようになる

では改めて、コンセプチュアルスキルとは何でしょうか？

それは**「各事象に共通する本質を見抜く力」**と私は理解しています。

同年代の企業の経営者と話していると、優れた人は、みなさん「譬え話」が上手です。また、「要するに○○だよ」とひと言にまとめることも得意です。これは、**具体的な内容を一度概念化して、別の身近な例や別の言葉に置き換える作業が上手にできる**ということです。

わかりやすい例をあげるなら、芸人の「ねづっち」が得意な謎かけと同じと言ってもよいかと思います。つまりは、本質を理解しているからこそ、まったく別の話と融合することができるのです。

コロナ禍でここ数年機会は減ってきましたが、経営者たちは異業種の経営者との会合をもっています。これは経営者同士のネットワークの構築をはかり、つねに自社だけでは生み出せなかったイノベーティブなものがないか、探るためなのです。

食事をしながらの会話ですから、お互いパンフレットなどを用いた詳細な内容を話すことはできません。すべて「〇〇みたいなもの」、「要するに〇〇」なのですが、こういった会話を端緒（たんちょ）として、新しいチャレンジやビジネスが生まれているのです。

それゆえ、組織のトップを補佐する参謀、もしくは組織のトップリーダーを目指す人は、このコンセプチュアルスキルを習得する必要があるのです。

常に物事の本質を見抜こうとする。これは、若いときから意図的に考えないと身に付けることは難しいと思います。少なくとも自分にはこういう能力が足りないといった自覚をもって、意識的に考える癖をつけないと身に付きません。

物事の本質を見抜こうとする意思が重要

日本企業に限らず官僚の世界でもよくあることですが、なにか問題が起こったときに再発防止につながる根本治療をせず、対症療法だけして満足するケースがあまりに多いと感じます。

優秀な参謀を目指すなら問題が起こったときに表面的な事象だけをみるのではなく、頭をフル回転させて**主真因**（root cause）を見つけ、対策を考えるところまでいくことを習慣にしたいものです。

私の場合、ひとつの事故が乗員全員の死に直結する潜水艦という特殊な環境で仕事をしてきたこともあり、問題解決をするときは根本原因の究明から入ることが習慣になっていました。しかし、海上自衛隊全体をみると、問題の本質に至ろうという姿勢が徹底されているとはいいがたい状況でした。

そこで私が呉地方総監になったとき、いかにも官僚が書いたようなワンパターンでその場しのぎの改善提案などが上がってきたら、「形式的な報告は無用。もっと本質をあぶり出して具体的対策を作り報告しなさい」と、やり直しを命じていました。

そのときの事例をひとつ紹介します。

呉地方隊が管轄していた1隻で事故が起こりました。船の操艦にかかわる操舵軸のピンが折れたというのです。幸い停泊訓練中に起こった事故でしたので、大事には至りませんでしたが、もし行動中に折れていれば舵が制御不能になり、大事故につながる可能性がありました。

艦長が報告しにきてくれましたが、どうも話がわかりません。さもピンの製造メーカーに非があって、自分たちに非はないかのような言い訳に終始したのです。

過去の経験から、訓練中の事件の多くは隊員の訓練不足によるものであり、今回も操作ミスが原因だろうと推測した私は、私の右腕である呉地方隊の先任伍長（現場の優秀なベテラン隊員から厳選される下士官のリーダー的役職）に調査を依頼しました。

先任伍長は各艦にも一人ずついるので、事故を起こした艦艇の先任伍長に直接話を聞きにいってもらったのです。すると案の定、ある隊員がピンを奥まで押しこまないまま舵の操作をしてしまったことが破損の真因であることがわかりました。

原因がわかったら対策を講じないといけません。しかし、それを私が考えて命令したら部下は育ちませんし、命じても素直に従わないでしょう。そこで改めて艦長を呼び出し、怒鳴りつけたい気持ちをグッと堪（こら）えて調査結果を淡々と伝え、「このような操作ミスを起こさないための仕組みを考えなさい」と指示しました。

最終的にはピンを奥に入れる動作をするときに「○○挿入よし」といった報告をさせるレギュレーションに変更するという報告がありました。他の艦艇でも実施するよう指示し、その後同じような事故が起こったという話は聞いていません。

◎問題の根本解決を導くのは「意思の力」

結局のところ、組織で問題が起こったときに根本解決を邪魔するのは、たいてい誰かの保身です。そのときの艦長は「自分の指揮官としての評価」を気にしてのことだったと思いますが、それ以外にも「既得権益を守りたい」「仕事を増やしたくない」「難しいことは考えたくない」など、保身の形にはいろいろあります。

では、問題の本質まで到達できる参謀と、それができない参謀ではいったいなにが違うのか。スキルとしてはクリティカル・シンキングなどが大きく影響することはいうまでもありません。しかし、それよりも大きく影響するのは**「この組織をどうにかしたい」という意思の力**だと私は思っています。

製造業でよく導入されている主真因をあぶりだすための「なぜなぜ分析」なども、テクニックというよりは**「限界を超えて考え抜け！」**と言っていることと同じです。意思の力さえあれば、そうした粘り強さは自然と湧き出るものです。


私は自分の階級が上がるごとにそれまでの先輩たちが見て見ぬふりをしてきたさまざまな組織の課題を解決するよう務めてきました。先輩や同期からは「あんまり細かいことをいうと嫌われるだけだから、放っておいてもよくないか？」と言われることもありました。そんな私の原動力となっていたのは、「自衛隊は事なかれ主義の官僚組織ではない。いざというときに国民の負託に応えられる組織でなければならない」という私なりの信念でした。

ただし、もし、みなさんがいま働いている組織に対して「いい組織にしたい！」と本気で思えないのであれば、いまいる組織に見切りをつけ、そんな気持ちになれる組織を探したほうが賢明かもしれません。

推論力を高める

みなさんは仕事をしていてこんな悩みを持ったことはないでしょうか？

▼提案が通らない
▼伝えたいことが伝わらない
▼表面的な分析しかできない

一見するとバラバラな悩みに見えますが、実は、これらはすべてひとつのスキルがあれば解決します。そのスキルとは**推論力**です。

前章で「科学的思考力」について触れましたが、似て非なる概念として**推論力も参謀にとっては極めて重要な力です**。推論力とは「未知の事柄」に対して筋道を立てて推論し、論理的に妥当な結論を導き出す力のことをいいます。

提案が通らないのは相手の期待や反応が推論できないからです。伝えたいことが伝わらないのは相手の聞きたいことや理解できることが推論できないからです。表面的な分析しかできないのは奥深くにある関係性に推論が働かないからです。

それゆえ、推論力は参謀にとって極めて重要な力だと私は考えているのです。

前章で説明した意思決定のプロセスにおいても推論力があるかないかで雲泥(うんでい)の差が出ます。使命を推論できず、市場の動向を推論できず、ライバルの出方を推論できず、部下の反応を推論できないようでは、いつまでも的外れな決断しか下せないでしょう。

では推論力の正体とはなにかというと、次ページから紹介する3つの思考法の合わせ技です。

▼帰納法（インダクション）

複数の事実から法則を見出し、結論を推論する

▼演繹法（デダクション）

既知の法則に事実をあてはめ結論を推論する

▼アブダクション（仮説的推論）

起こった現象に対して既知の法則をあてはめ仮説を推論する

思考のプロセスが違うだけで、いずれもなにかを推論する行為です。これら3つの推論法を意識的に鍛えていくことによって推論力は高まっていくものです。それぞれのコツを簡単に紹介します。

◎帰納法のコツ＝さまざまなことに意識を向け観察する

帰納法で難しいのは共通点や法則を見出すことだと思われがちですが、実際にはサンプルデータ（事実）が多いほど共通点が見出しやすくなるわけですから、コツはずば

り、**常日頃から物事をしっかり観察すること**です。

たとえば、釣りの達人は決してのんびり釣り糸を垂れているわけではなく、水の色や透明度、流れ、小魚の動きや泳層、潮の高さ、風向きなどの環境要因を忙しく観察しています。結果的に人よりもサンプルデータが増え、「このパターンのときはこうやれば釣れる」という推論ができるのです。

電車に乗るときも、会議に出席するときも、できるだけボーっとやりすごさず、さまざまなことに意識を向けて観察してみましょう。「変化」や「比較」に敏感になることで観察力は上がります。

さらにこれらの観察から自分なりの方程式を導くとよいでしょう。これは特別なことをするのではなく、「〇〇という行動をする人は、××な人だ」「〇〇の兆候があると××になってしまうんだ」といった具合に記憶するのです。

記憶はインプットではなく、アウトプットによって定着しますから、一度口に出して人に話すとよいと思います。帰納法によって多くの一般化した法則を身に付けると、人から「洞察力のある人」と評価されることになるでしょう。

◎演繹法のコツ

前章の論理的思考力でも記述しましたが、演繹法はすでに認知されている法則・ルール・根拠（大前提）に、目の前の事実をあてはめて結論や未来を推論することで、三段論法とも言います。たとえば「部長はＳＤＧｓ関連の企画ならよく通す（大前提）」↓「今回の企画はＳＤＧｓ関連だ（小前提／事実）」↓「だから部長の承認が得られるだろう（結論）」といった推論の仕方です。

演繹法のコツは２つあります。

まず、大前提となる法則がそもそも正しいのか、もしくは**どれくらい正しいのか常に意識すること**です。大前提が科学的事実や法令のようなものであれば間違えようがないですが、「よく通す」とか「よく売れる」といった（帰納法から導かれた）一般論を大前提にする場合、「よく」の度合いがわからないままだと結論の精度がわかりません。大前提となる一般論の精度を高めたいのであれば、先ほどの帰納法に戻り、サンプルデータを増やすしかありません。

もうひとつのコツは、**大前提となる法則をどれだけストックしているか**です。ストックしている法則が多ければ多いほど、「このまま いくとこうなりそうだ」という推論をする機会が増えます。では、どうやってストックを増やすかというと、こちらもやはり普段から帰納法で方程式を自分なりに見出すことと、先人たちが気づいた法則を本などを通して学ぶことです。

◎アブダクションのコツ

アブダクションは仮説的推論とも呼ばれ、目の前で起こった事象（結果）に対して既知の法則をあてはめ、その「原因」を推論する方法です。演繹法と混同されやすいですが、演繹法は未来を推測するもので、**アブダクションは過去を推測するもの**です。

たとえば知人がある会社を退職したとして（結果）、別の人から「その会社はノルマのきつさと離職率の高さで有名だ」という情報（法則）を仕入れていたのであれば、「知人もノルマがきつくて退職を決意したのかもしれない」という仮説が立てられます。

アブダクションも帰納法と同じように**目の前で起こる事象に対して意識的に観察することが**すべてのスタートです。「彼、会社辞めたそうだよ」と聞いたときに「ふ〜ん」と受け流すのではなく、「なんで辞めたんだろう?」と反射的に思えるかどうかが重要です。トヨタの生産方式の一環である、問題を発見したら「なぜを5回繰り返す」が有名ですよね。

以上、3つの推論法のコツを紹介しましたが、聡明な方であればそこに共通点を見出すことができたはずです。共通するのは、**法則、ルール、パターンなどのストック量が多いほど推論力が上がる**ということです。

ビジネススクールではさまざまな企業の成功事例、失敗事例を分析しますが、これは帰納法で法則を導き出すため。この法則を実務においてあてはめていき、演繹法で未来を推論したり、アブダクションで原因を推論したりしていきます。

参謀というと頭の回転の良さが肝心だと思われがちですが、それ以上に肝心なのは大量の法則・パターンを頭の引き出しに入れておくことです。インターネットのおかげで「知識」のストックには意味がないと言われる時代になりましたが、自分流の方

図解 帰納法、演繹法、アブダクション

帰納法

サンプルデータ
データ
事実
実験結果
事象
観測データ
抽出
共通点
推論
結論

複数の事実や事象から共通点を見出し結論を導く

帰納法のコツは——
✓日ごろの観察が重要
✓サンプルとして自分流に方程式化

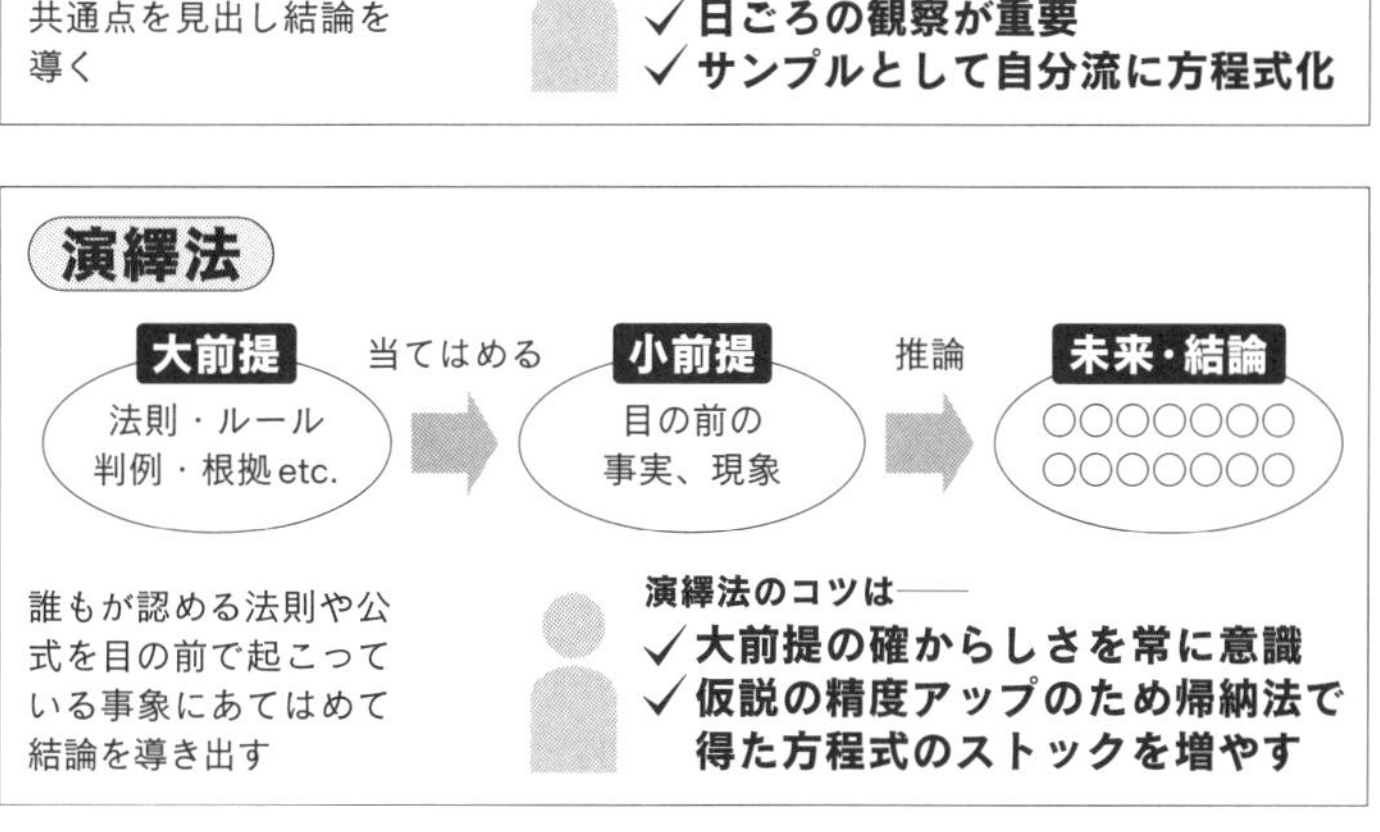

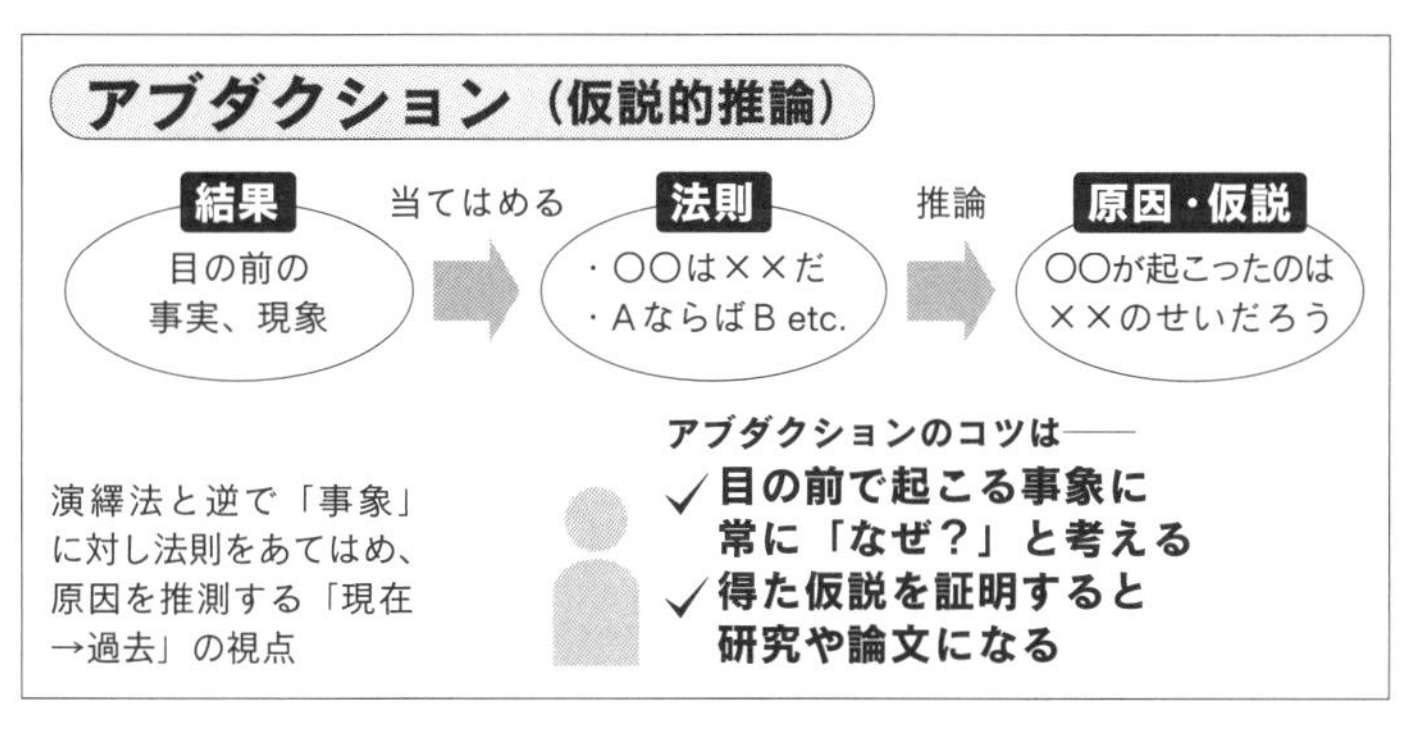

程式をもつことが重要なのです。もっと勉強したい方には羽田康祐著『問題解決力を高める「推論」の技術』（フォレスト出版）がおすすめです。

上司の意図をいかに汲み取るか

参謀の役割は上司を補佐することであり、そのためには、上司の意図を**正しく、深く理解すること**が不可欠です。

長年、特定の上司の参謀を務めている人であれば、大半のことは上司から説明を受けなくても主体的に動けるようになるでしょう。それはそれで参謀としての鑑だと思います。しかし、その状態に至ることだけが必ずしも参謀のゴールではありません。どんな上司の下についてもすぐさま適応し、補佐役として活躍できるのもまた優れた参謀として必要なことです。

では、上司の意図を正しく理解する方法とはなんでしょうか？　訓令の形で指示が出されたときに、上司の期待を裏切らない確実な方法はあるのでしょうか？

パッと思いつくのは読解力や観察力、想像力などです。たしかに上司が寡黙（かもく）なタイプなら、そうせざるを得ないかもしれません。しかし、もっとシンプルで、はるかに確実な方法があるはずです。

そう、前章でも紹介したように、上司の意図を直接聞けばいいのです。

海上自衛隊よりもさらにアメリカ的な組織である航空自衛隊では、**「意図伺い」「意図取り」**と呼ばれる用語が日常的に使われています。文字通り、上司の意図を確認する工程のことです。

もし「意図伺い」をせずに任務に着手して失敗すると上官に怒られます。民間企業で仕事の仕方で悩んだら、「上司がちゃんと説明しないからだ」と人のせいにして終わりそうですが、航空自衛隊では「意図取りしていないお前が悪い」と言われます。

幹部自衛官は、上官からの命令に対し、まず使命の分析を行ない、上司が求めることを深く考え、理解し、咀嚼（そしゃく）して具現化することが職務プロセスのひとつとして組み込まれています。潜水艦でもわからないことは上官に聞く文化はかなり根付いていますが、「意図伺い」「意図取り」といった用語（制度）までは存在しません。

風通しの悪い組織はぜひ導入をおすすめしたい優れた制度だと思います。

◎上司とは「WHAT」と「HOW」のキャッチボールを

ただし、子どものように何でも「わかりません」と聞くのはいただけません。たとえば「私は〇〇だと思いますが、これでよろしいでしょうか」と、指示された内容について部下自らが組み立てた5W1Hで、これで正しいかどうかを確認するのです。

WHY　なぜやるのか？
WHAT　なにをやるのか（成果物のイメージは）？
WHEN　いつやるのか？　いつまでにやるのか？
WHERE　対象はどこか？
WHO　誰がやるのか？　誰に向けてやるのか？
HOW　どのような方法でやるのか？

さらにビジネスの場合は、これにHOW MUCH（どれぐらいコストをかけるのか？　など）も入るでしょう。

このうち優先的に確認する必要があるのがＷＨＹとＷＨＡＴです。つまり、「目的はなにか」、「どんなアウトプットのイメージをもっているのか」。それ以外の項目の多くは仕事に着手するうえで当然知っておくべき項目ですが、ＷＨＹとＷＨＡＴは上司の頭の中だけにあって、はっきり示されないということが起こるからです。

ＷＨＡＴが明確になったら次に重要なのが上司との**ＷＨＡＴとＨＯＷのキャッチボール**です。たとえば「そのイメージだと、たとばこんなＨＯＷでしょうか？」と返すと、「そうそう！」と同意してくれることもあれば、「なんか違うんだよね」と言われることもあるでしょう。これを確認せずに仕事に着手していたら、後者の場合は、せっかくの作業が無駄になっていたわけですから、この段階で「違う」といわれたら、むしろラッキーです。

企業の上層部になるほど現場から遠のきますから、細かいＨＯＷは苦手になりがちです。そのかわり上層部は、まさにコンセプチュアルスキルによって仕入れてくるアイデアは抽象的なもの（ＷＨＹやＷＨＡＴ）が増えます。イメージあるいは戦略といって良いでしょう。そこで上司からのＷＨＡＴ（戦略）に対して、具体的なＨＯＷ（戦術）を考えるのが部下の役割なのです。

経営者とお話をすると、私には優れたビジョンやイメージがあるのにそれを理解してくれる部下がいないと嘆く方が少なくありません。口では「社長、それいいビジョンですね！　頑張りましょう！」というのにまったく現場が変わってくれないのは、往々にして**「上司の意図を汲み取る能力」**と**「現場のＨＯＷを考える能力」**を併せ持つ参謀が不在だからです。

「スタンダード」を疑え！

本質に迫るという話でいうと、世間ではまだまだ「そもそも論」に対して否定的な声が少なくありません。

たとえば、会議で議論が白熱しているときにそれまで黙っていた人が「そもそもい

図解 参謀に必要な「５Ｗ１Ｈ(＋Ｈ)」

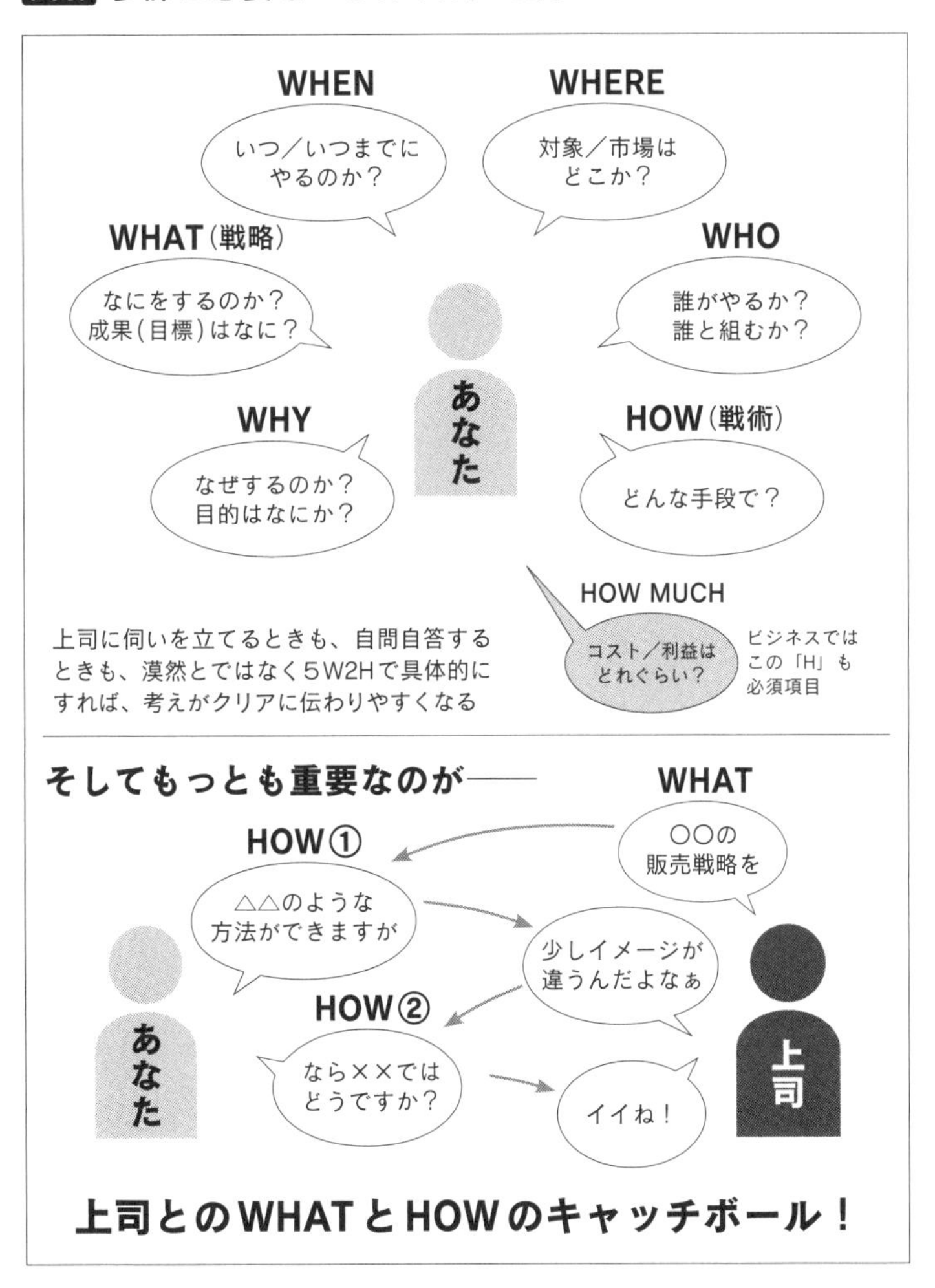

まこの議論をする必要ってありましたっけ？」と指摘して、ちゃぶ台がひっくり返された経験は誰しもあるでしょう。議論していた担当者からすればたまったものではないので、「あの〝そもそも親父〟め」と陰口を叩いたりします。

ですが、その場の空気や雰囲気に流されているようでは参謀は務まりません。知的活動のプロとして参謀は**常に全体を俯瞰し、何事も疑ってかかる姿勢**が求められます。

組織における「本質的な課題」の多くは、その組織で標準化された業務フロー、いわゆる**「スタンダード」**に潜んでいます。「この作業って無駄じゃない？」「これをして誰が得するの？」とうすうす感じている業務がみなさんの職場にもきっとあるはずです。

標準化すること自体は悪いことではありません。なにか合理的な理由があってその形に収斂したわけであり、成熟した組織においては大半の作業が標準化されているものです。そして、標準化されているからこそ、業務の遂行もその管理も簡単になるわけです。

しかし、一度標準化された手順やルールは時代遅れになったとしてもなかなか気づきづらく、変えづらいという大きな欠点を持っています。「長時間労働」、「ハンコ文化」、「ファックス文化」など、例を挙げればきりがありません。

変えづらい理由は簡単で、人は変化を嫌うからです。上司や先輩たちから「そうやるのが当たり前」「みんなそうやってきた」「それがうちの伝統だ」といったことを言われると不本意ながらもつい納得してしまうのです。

また、普段のプロジェクトでは改善サイクルを回すのに、標準化された業務はそのチェックの対象外になりやすいことも変化が起こりづらい理由のひとつです。たとえば業務計画を考えるときに、みんなで真剣な顔をして「ＫＰＩは？」「スコープは？」「ロードマップは？」といった話し合いをしますが、「そもそもこの業務、要りますか？」と核心をつく問いはなかなか出てきません。

◎「そもそも」と言い合える組織に変えるには

どんなことでも「そもそも」で噛みついていると、たしかに「そもそも親父」と陰口を叩かれ、場合によっては組織に潰される恐れもあります。それが日本の現実です。それに加えて、古い組織を劇的に変えるには、ひとりの激烈な「そもそも親父」だけではダメで、普段からみんなが「そもそも」と言い合えるような文化に変えていかないといけません。

そうかといって、ずっと黙っていてもいつまでも文化は変わりませんから、参謀を志す人であれば、できることから少しずつ組織のスタンダードを変えていくといいと思います。

そのチャンスとなるのが新しい部署に配属されたときです。これは私自身も意識してきたことで、私の部下たちにも、

「君たちは海上自衛隊をもっといい組織にしたいと思っているだろう。でも、とんでもなく頭の固い連中がまだまだいることも十分知っているはずだ。だから、賢く攻めろ。チャンスは転勤時だ」

と、よく言ってきました。新しい部署に配属されたら、周囲の同僚に仕事の仕方を根ほり葉ほり聞くのは自然なことです。外部のフレッシュな視点から物を言うことも、

とくに不思議がられることはないでしょう。

それを絶好のチャンスと捉え、早々にその部署が抱える課題を見抜き、

「よくわからないので聞いていいですか」

と、あえて低姿勢で核心をえぐるような問いを投げかけましょう。

たった一回の問いかけでいきなり変わることは滅多にないですが、指摘を受けた当事者たちはきっと内心「たしかに一理ある」と感じるはずです。そうした自己矛盾のようなモヤモヤした感覚を抱かせることができれば十分な成果です。

アイデアは組み合せで生まれる

いい提案力という言葉から「独創的なアイデアを生む力」をイメージする方もいるでしょう。リーダーが思いつかないアイデアを生み出すことも参謀の大きな役割です。

では、アイデアはどうやって生まれるのでしょうか？

「アイデアを生む力は感性の問題であり、先天的なものだ」だと思っている人が多いかもしれません。しかし、私はアイデアを生む力は、先ほどの主原因を捉える話と同様、**「問題意識を強くもっているかどうか」**で決まると思っています。

問題意識を強くもっている人は現状で満足しません。解決方法や改善方法をいつも考えることになります。日ごろ情報のシャワーを浴びるときも、無意識のうちにアンテナが立っている。すると、ある日突然、**ある事象とある事象が頭の中で組み合され、視界がパッと開ける**――そうして生まれるものがアイデアだと思うのです。

たとえば、ビットコインは「なぜ通貨は中央集権的に管理されないといけないんだ」という問題意識をもった人物が、インターネット技術を組み合わせて生み出した、まったく新しいお金のアイデアです。

アマゾンは「リアルな書店ではニッチな本が買いづらい」という問題意識をもった人物が、こちらもインターネット技術を組み合わせて生み出した、まったく新しいビジネスのアイデアです。世の中でアイデアマンと呼ばれる人たちも、誰よりも問題意識が強いのだと思います。

◎2つの問題意識が生んだヒット企画

私の例で恐縮ですが、呉地方総監のときにアイデアを出し、いまも続いている「呉海自カレー」という呉市観光課の事業があります。

海上自衛隊の艦艇は各艦独自のカレーのレシピがありますが、そのレシピをそれぞれの艦の調理員が呉市内の飲食店に教え、当該艦長と調理員長が試食。そこでOKが出たお店に行けば、一般のお客さんもそれが食べられるというものです。

2022年秋時点で提供店は20店舗。呉市の観光事業として実施されており、シールラリーも行なっています。海上自衛隊のPR、呉市民と呉地方隊との交流促進、呉市への経済貢献など一石三鳥の施策と言えるものになったと自負しています。

このアイデアは、当時の私が抱いていた2つの問題意識から生まれました。

1つ目の問題意識は呉市民と隊の交流です。私は横須賀市での勤務経験もあるのですが、横須賀では市と海自（および米軍）の関係が密接です。毎年10月に開催される「よこすかみこしパレード」では市長と横須賀地方総監が観閲官（かんえつかん）となり、みこしや山車のパレードが行なわれ、当然自衛隊も参加します。その日は米軍基地も一部開放され、市民と基地の交流の場にもなるのです。

横須賀市も呉市も軍港として同じ長い歴史があるため、海自を応援してくださる方が大勢います。それにもかかわらず呉市では市民と隊員の接点がほぼなかったのです。地元のお祭りにも自衛隊は参加していませんでした。呉地方総監になったからにはその状況をどうにかしたいという想いがあったのです。

2つ目の問題意識は、横須賀市で実施されていた横須賀海軍カレー事業でした。ブランディングという点では天才的なアイデアで横須賀市の町おこしにいまも貢献しています。しかし、その「横須賀海軍カレー」がきっかけで、海上自衛隊はイベントで大失敗をしたのです。

海軍カレーが人気を博していたので、海上自衛隊は部隊が行なう市民向けのサービスとして、10隻ほどの艦艇を横須賀に集め、基地を開放しカレーを提供するというイベントを企画しました。

しかし、1万人の来場者を想定していたところに4万人が集まってしまいました。その結果、基地から横須賀市の中心部まで大行列ができた挙句、あっという間に品切れとなり、方々から批判の声が上がりました。

海自がよかれと思ってやったことなのに来場者は不満だらけ。不慣れなイベント運営で隊員たちも疲弊し、地元警察も大慌てです。地方総監も防衛省や幕僚監部から注意を受けることになりました。つまり、誰も得しなかったのです。そのとき私は、

「海自のPRも大事だし、カレーを食べてもらうこともいいアイデアだけど、こんなイベントまでわざわざ自衛隊自らやる必要があるのか？」

と思ったのです。

この2つの問題意識が組み合わさって生まれたのが「呉海自カレー」です。

さっそく地元の呉市長と会食した際にお話をして、具体的な企画は動き出しました。とはいえ、自衛隊がやることは各艦の調理員をお店に派遣して作り方を教えること。それと、できたものを艦長と調理員長で食べて認定を出すこと。一度きりなのでたいした手間はかかりません。

一方の飲食店は観光客に訴求しやすいメニューが一品増えることになりますし、海自艦艇ののぼりを掲げていたら現役の隊員たちも入りやすくなるでしょう。そして市としては、「戦艦大和が生まれた町」、「海軍の町」に加え、新たな観光の目玉としてブランディングがしやすくなったわけです。

世の中には柔軟な発想ができる人はたくさんいるはずです。もしくは理知的に考えられる人もたくさんいます。しかし、そうした脳のスキルを活かせるかどうかも、結局は強い思い次第。どんな問題意識をもっているかだと感じます。

短期的に視野を広げる方法

優秀な参謀ほど物事をマクロかつ複眼的な視点でみることができる。これは疑いのない事実です。しかし、視野を広げることは決して簡単ではありません。日々の業務に追われているといつしか視野がそこに固定されてしまいます。その点、上司の代わ

図解 アイデアは「組合わせ」で誰でも創り出せる

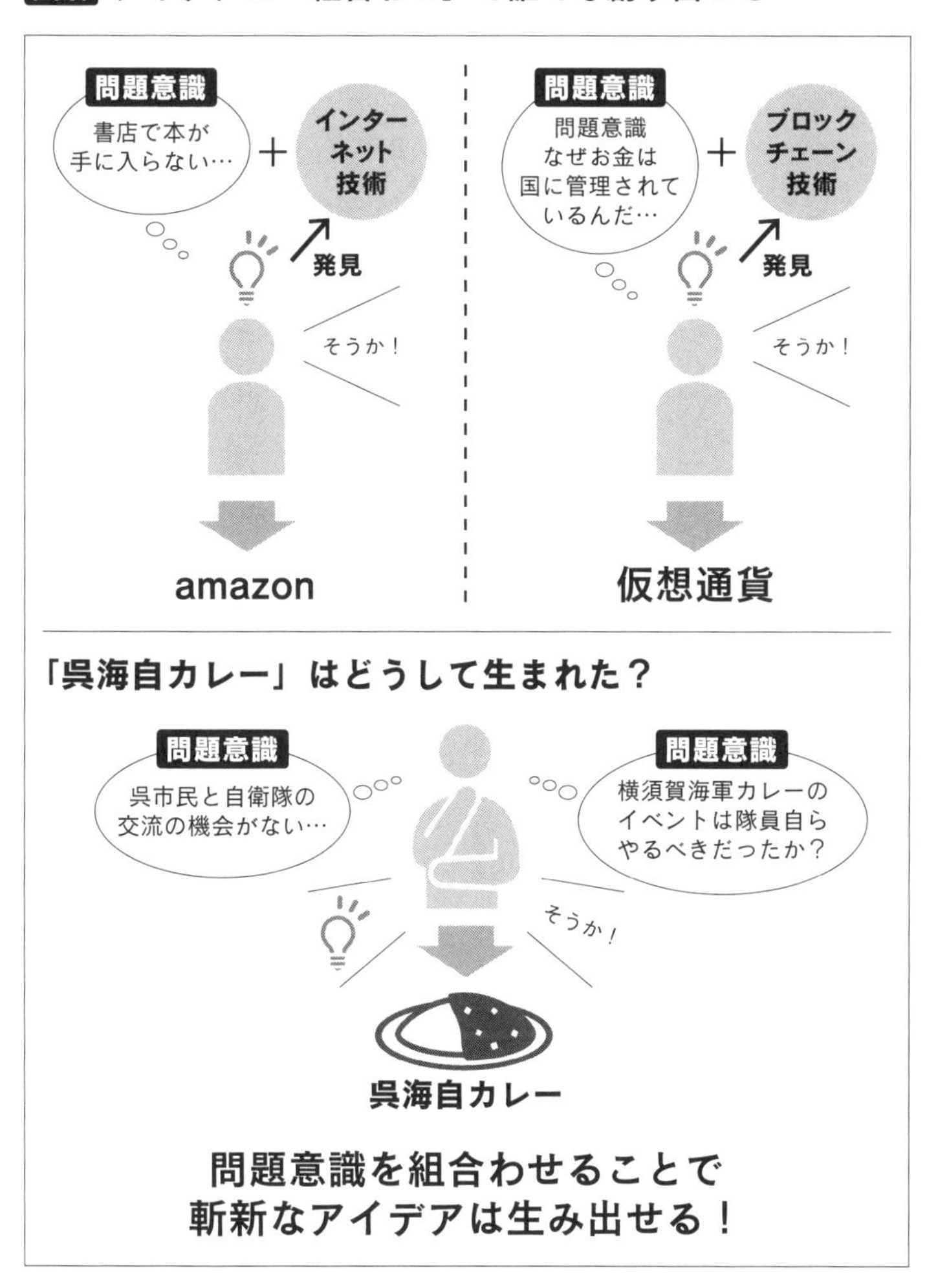

りに頭を使う参謀的な働き方は強制的に自分を背伸びさせる行為なので、視野を広げる有効な手段のひとつです。

しかし、現実的には提案（リコメンド）の文化がない会社もありますし、仮に上司の参謀になれても、その上司がいつまでも出世しないケースもあるでしょう。「万年課長」ならぬ、「万年課長の参謀」ではあまり面白味がありません。

では、短期的に視野を広げるためにはどうしたらいいいか？　それは**視野を広げざるを得ない環境にどっぷり身を置くことしかない**と思います。

一番わかりやすい例がコンサル職です。以前は、超優秀な学生はキャリア官僚になるか金融機関に入るというのが定番コースでしたが、最近はコンサル職が人気です。クライアント企業の意思決定を補佐するコンサルタントは、いわば「外注の参謀」といえるでしょう。

20代だろうと大企業の経営層と対等な立場で経営課題に取り組んだり、M＆Aのような大きな案件で活躍したりする機会が得られるため、激務ですが早い成長が見込めます。官庁や金融機関に入ったところで、伸び盛りの20代を下積みで消費するのはあまりに時間のコストパフォーマンスが悪いことを若い世代は気付いているのです。

自衛隊の場合は、幹部自衛官の視野を短期集中型で広げる方法として、半年〜1年の期間、研修機関に送りこむということを組織的に行なっています。以下、紹介するのは海上自衛隊の上級幹部になる人が受けることになる教育課程です。

30歳前後：術科学校にて「幹部中級共通課程」（6カ月）＝係長研修
幹部候補生全員が対象

35歳前後：海上自衛隊幹部学校にて「指揮幕僚課程」（1年）＝課長研修
入試による選抜方式（受験は3回まで）

45歳前後：海上自衛隊幹部学校にて「幹部高級課程」（6カ月）＝部長研修
上官による指名

それ以後：統合幕僚学校にて「統合高級課程」（6カ月）＝役員研修
上官による指名

※これら以外にも専門職の「専攻科課程」（6カ月）や、新人研修にあたる海上自衛隊幹部候補生学校（1年。防大卒業後に通う教育機関）などもあります。

こう書き出してみると自衛隊は相当恵まれていると思います。たとえば35歳前後の「指揮幕僚課程」などは、もっとも働き盛りで組織にとってエース格でもある会社の課長クラスを6カ月も現場から外すわけですから、なかなか民間企業で真似（まね）できることではありません。

◎「普通の人」を参謀に育てるには組織の力が必要

自衛隊が人材育成にここまで手間暇をかけられるのは日本が平和だからですが、そこを差し置いても、天才でもなんでもないごく普通の人材を、戦略的・計画的に育てあげるには「自助努力」や「ＯＪＴ」では不十分であり、組織の積極的な関与が必要だということは言えるのではないでしょうか。

民間企業で最近私が着目している取組みとしては、「幹部候補採用」という新卒採用の方法があります。「幹部候補」として入社した若手社員は早い段階から組織運営や会社経営について学ぶことができます。

従来の「総合職／一般職」型の採用方法では、総合職を大量に採用し、下積みからはじめさせ、筋のよさそうな人材を見出し徐々に上に引き上げていく育成スタイルです。「幹部候補採用」はそれをより明確化したものです。

格差社会が問題視されるなか、こうした仕組みに対して否定的な意見もあるでしょう。しかし、人材育成の観点からいうと、それくらいはっきり分けないと高い教育効果は得られないと感じます。

さすがに半年に及ぶような研修は難しいとしても、幹部候補に限定して週に1回、社長直々（じきじき）の勉強会を行なったり、さまざまなセミナーに送り込んだりといった「一極集中型」の育成なら決して無理な話ではないはずです。

◎自らを育てたいならアカデミズムの世界がおすすめ

いまのは企業側が取りうる施策の話ですが、読者のみなさんがもし参謀として視野を広げたいと本気で思っているなら、おすすめは社会人大学院です。

アカデミズムの世界で求められるのはずばり**科学的思考力**です。会社では派手なパワポとトーク力で上司や顧客を説得しているような人も、いざアカデミズムの世界に踏み込んだら、小手先の知識や技能がまったく通用しないことを痛感することになります。

実は私も30代前半に筑波大学大学院で勉強をしたことで大きく視野が変わりました。大学時代はアメフト、20代はずっと潜水艦乗りとして過ごしてきた私にとって、大学院での体験がいまの私の基礎をつくったとすら思っています。

本来2年かけて取得する単位を1年で取得し、修士論文を作成しながら「指揮幕僚課程」に入校しなければならないハードスケジュールでした。正直、受験勉強の期間も含め人生でもっとも勉強した3年間だったと思います。しかも私はもともと理系で、防大では機械工学を学んでいます。そんな私がいきなり社会科学を勉強したわけですから刺激にならないわけがありませんでした。

Column

指揮官と参謀を行き来する幹部自衛官たち

自衛隊の幹部自衛官は、参謀であるといっても過言ではありません。そしてこれは自衛隊のトップにも当てはまるのです。

海上自衛隊のトップは海上幕僚長です。そして、さらにその上には陸海空を束ねる統合幕僚監部の長を務める統合幕僚長がおり、これが全自衛官にとっての最高ポスト。では、統合幕僚長になると参謀ではなくなるのでしょうか?

実は違います。統合幕僚長は総理大臣および防衛大臣の参謀として軍事面、防衛面での助言を行ない、なおかつ大臣から降りてくる訓令を実現する手段を考えないといけません。

そもそも幕僚は参謀と同義ですから、幕僚長とは「参謀のトップ」という意味です。これはアメリカでも同じで、コリン・パウエル元国務長官などがかつて歴任した制服組の頂点である米統合参謀本部議長というポジションも、英語で書けば"Chairman of

Joint Chief of Staff"。あくまでも「スタッフ」の長なのです。

とはいえ、軍隊ですからリーダー（指揮官）もいなければ機能しません。そこで幹部自衛官はリーダーをしつつ、参謀もこなすという二足のわらじを履くことになるのです。ただし、その両者のバランスは所属先によって変わります。海幕に勤務する幹部は参謀寄りの仕事がメインで、部隊に勤務する幹部はリーダーとしての仕事がメインになります。

自衛隊では目ぼしい幹部自衛官たちにあえて指揮官職と参謀職を頻繁に行き来させます。私も20代はずっと現場でしたが、30代に入ってからは海幕と部隊を行き来することになりました。数年単位で変わるので、かなり忙しく感じます。ちなみに最終ポジションとなった地方総監は指揮官職です。

企業に譬えれば、優れた店長がいたらとりあえず本社の経営企画室などで働かせ、数年経ったら地域マネージャーのような形で現場に戻し、頃合いをみて今後は本社の人事部に呼び戻すようなものです。

せっかく指揮官として、もしくは参謀として実績を上げているなら得意なフィールドで働かせたほうが効率的な気がしますが、自衛隊では敢えてそれをする。おそらくですが、指揮官の気持ちがわかないといい参謀は務まらず、参謀の気持ちがわからないといい指揮官は務まらないからだと思います。

思えば潜水艦乗りとして過ごした20代のときは、部隊に降りてくる海幕からの指示を見ては、「こいつら現場わかってないな」と生意気なことを言っていたものです。でも一度、海幕勤務を経験すると、今度は部隊に対して「こいつら文句ばっかりで気楽な身分だな」と思うものです。その行き来を何度かしていると視野が広がり、指揮官としても、幕僚としてもバランスの取れた幹部に育つのだと思います。

将来的に幹部を目指している方で、いまは渋々現場で汗を流している方もいるでしょう。その経験も、幹部になったときにきっと役立つと思います。

第4章

【対人力】組織で活かされるには「礼節」が必要

能力と人格の両方を重視する自衛隊

部下に嫌われる上官は戦場で背後から撃たれる――。

どの軍隊でも言われることです。物騒な話ではあるものの、それが人間の本性でしょう。とくに何のために戦っているのかわからず、しかも戦況が悪い状態で気に食わない上官から「前進せよ！　これは命令だ！」と怒鳴られても、「なんでお前のために死ななきゃいけないんだ！」と思うのは当然です。

これはビジネスの世界でもまったく同じ。平時はつつがなくチームが回っているように見えても、緊急事態が起こり、チームの力を一番結集しないといけないときこそメンバー間の信頼関係や好き嫌いといったアナログな部分が露見することになります。

そのため、自衛隊では幹部自衛官を育成するにあたって能力だけではなく人格もしっかりチェックするようにしています。

たとえば自衛隊の定期評定では、勤務成績9項目のうち約半数が人格に関するものです（残りは職務スキル）。具体的には「統率・指導力」「責任感」「協調性」「規律」です。9項目にそれぞれ点が付けられ最終的に合算するのですが、「統率・指導力」の項目に限っては点が2倍で計算されます。

人物評価については、別のシートがあり、かなり細かく評価するようになっています。「権威を笠に着るタイプか」「上司にへつらうタイプか」「強圧的な指導をしがちか」「行動に私心が感じられるか」といった生々しい設問が用意されており、そうしたところにチェックが入ると要注意人物とみなされます。

そして、幹部自衛官の昇任、とくに二佐以上（年齢的には40歳直前）に昇任させる際には、上司の評価はもちろん、同期および上下2期、つまりすぐ上の先輩や下の後輩にあたる幹部自衛官の意見も反映されます。このようにして自衛隊では「能力は高くても人格的に問題のある人物」もしくは「能力は低いのにゴマすりだけうまい人物」を出世させないようにしているのです。

人格面に劣り、頭だけの参謀が考える作戦など誰もいうことをきかないでしょう。参謀の武器は頭脳であることは否定しません。しかし、どれだけ頭脳明晰でもその能力を組織のなかで活かすのであれば、高い人格こそ重要なのです。

ビジネスにおいて、この人格の重要性について述べたのは有名なドラッカーです。ドラッカーは、著書『現代の経営』の中で、

「真摯さ（インテグリティ）に欠ける者は、いかに知識があり、才気があり、仕事ができようとも、組織を腐敗させる」

と述べたことは多くのビジネスパーソンはご存じだと思います。

◎防衛大学校学生綱領

幹部自衛官の人格教育は防衛大学校に入ったときから徹底されます。防大には第8期生と第9期生がつくった「学生綱領」がいまでも受け継がれており、防大生が身に付けるべき徳性（道徳心）として**「廉恥、真勇、礼節」**の3つを挙げています。

ちなみに道徳心とは、「正邪善悪を判別し、善行を行なおうとする心」です。ある駐日大使から、「財布を落としても必ず出てくる国は日本だけだ」と言われたことがあり

ます。義務教育のおかげか「高い道徳心」が自然と身に付いているのが日本人であることは、みなさんもご承知の通りです。

ここで念のため、それぞれの言葉の意味を簡単に説明しておくと、

「廉恥」は英語で「Honor」。人として恥ずかしい行動を取るな、もしくは恥を恐れて卑怯(ひきょう)な真似をするなという意味。反対語は破廉恥です。

「真勇」は英語で「Courage」。正しいと思うことであれば臆せず行動できる誠の勇気という意味です。

「礼節」は英語で「Politeness」。なにをするにしても相手に対するリスペクトを忘れるなという意味。「礼儀」だけではなく「節度」を保つことも求められます。どのポジションにいても「調子に乗るな」「謙虚さを忘れるな」ということですね。

たとえば企業の不祥事でマスコミから逃げ回る経営者などは、自分の見栄(みえ)を優先する破廉恥な心の持ち主で、困難な状況に立ち向かう真勇を持ち合わせず、さらにステークホルダーに対する礼節を欠く、と三重の意味で、リーダー失格です。

この学生綱領は、毎晩、寮での自習時間が終わり、ベッドに入ったときにスピーカーから流れました。ビジネスパーソンにとっても参考になるはずなので、ここに記しておきます。

【防衛大学校学生綱領】

国家防衛の志を同じくしてこの小原台に学ぶ我々は、我々の手によって学生綱領を定めた。その目指すところは常に自主自律の精神をもって自己の充実を図り、厳しい徳性の涵養に務め、もって与えられた使命の完遂に必要な伸展性のある資質を育成するにある。

我々は、誠実を基調としてこの綱領を実践し、輝かしい防衛大学校の伝統を築くことを期するものである。

一つ、廉恥。

一つ、真勇。

一つ、礼節。

防大生として学生時代に身に付けるべきは、国家防衛という使命の完遂に必要な「伸展性のある資質」であり、それを育成するために、自ら進んで「自己の充実」をはかり、「道徳心」を涵養（自然に水がしみこむように徐々に養い育てる）する。そのため、とくに「廉恥・真勇・礼節」を主眼とする、といっているのでしょう。

これを毎晩ベッドの中で聞いていると、自然と普段の会話の用語として出てくるようになり、実際に日々の学生生活において、この3つの資質に見合う行動を取ることが求められます。

たとえば自分が犯したミスを上級生に隠していたことがバレようものなら大変です。「露見すると恥ずかしいと思うのはお前が破廉恥な心の持ち主だからだ！　すぐに報告できなかったのはお前に真勇がないからだ！　上級生に隠し事をするのはお前に礼節がないからだ！」と、こっぴどく叱られます。

最初のうちは誰もが戸惑いますが、不思議なものでこうした経験を経ていると学生綱領が自分の血肉と化していきます。防大を卒業して何十年も経ち、組織の上級幹部になったあと、そして現在でも、私は折に触れて「自分は3つの徳性を守れているのだろうか」と自問を続けるのです。

最低限の礼節を心掛けよ

学生綱領の3つの徳性のうち、これから参謀を志す人に〝このひとつだけ〟は絶対に身に付けてほしいと私が考えるのは**「礼節」**です。

自分より上の役職の人の立場になってものを考えることは理想的ではあるものの、決して簡単なことではありません。もし、それが簡単にできたらいまごろ全員社長です。しかし、相手が不快に感じるであろうことを想像するのは、少し頭を使えばできるはずです。

わかりやすい例を挙げましょう。

私が若い士官だったころ、ある艦長が作戦計画を幹部たちに説明していました。そこでひとりの若い幹部がその計画に対して異議を唱えました。ここまでは**「健全なフォロワーシップ」**が発揮されている状態です。問題は、その言い方でした。

「いや、艦長。こんな計画やっても意味ないですよ。無駄ですね」

その場の空気が一瞬で凍り付いたことを覚えています。

「わかりました。でも、こういう考え方もあるのではないでしょうか」

と、トーンを抑えて発言すれば問題は起こらなかったかもしれません。それなのに若い幹部は無意識に艦長を見下す言い方をしてしまいました。「意味がない」も「無駄」も、艦長の努力や思考活動を全否定するものだからです。建設的な議論をするときに使う言葉ではありません。

世の中には器の大きな上司もいますが、その艦長はあいにく上下関係に厳しいタイプでした。いつも「お前は生意気だ」といわれていた私ですら、そのセリフを聞いた瞬間、「あ、この先輩、終わったな……」と思いました。

案の定、艦長は激昂し、若い幹部は潜水艦乗りとして活躍する場を奪われることになります。

◎切れ者ほど陥りやすい「正論＝正義」の落とし穴

その若い幹部はたしかに切れ者でした。しかし、ことの顛末（てんまつ）を多角的に推論するのが仕事であるにもかかわらず、なぜ上司の反応を予測して戦略的に説得を試みることができなかったのでしょう。この一件は私にとって印象的な出来事となり、それ以来、上司に反論を試みるときは言い回しに細心の注意を払うようになりました。

せっかくの才能が対人関係で台無しになる。こうした惨事は自衛隊だけではなく世界中の組織で起こっています。

頭のいい人がもっとも勘違いしやすいことは、「ロジックを真正面からぶつければ最後は正しいロジックが勝つ」と思っていること、つまり「正論こそ正義だ」という発想です。しかし、現実社会では**正義が勝つわけではなく、力をもっている者が勝つ**のです。

どれだけロジックが正しくても、それを聞いた相手が感情的な拒絶反応を見せたら聞く耳をもってもらえません。

なぜなら**「感情」は「理性」をいとも簡単に上書きする**からです。とくに人の感情が傷つくのは自尊心を傷つけられたときです。カーネギーは、著書『人を動かす』(創元社)のなかで、

「自尊心を傷つけられた相手は、結局、反抗心を起こすことになり、誠に危険である」と述べています。一度感情的な対立が生まれると修復は容易ではありません。お互い一歩も引かない状態で自分のロジックを押し通すには、徹底的に相手を打ち負かすしかなくなります。

みなさんも思い当たる節があると思いますが、私も長い自衛官生活のなかで上司との正面対決が避けられない局面は何度かありました。でも、実際に行動を起こすのは自分に勝ち目があるときだけ。たとえば、直属の上司とはぶつかることになっても、その上の上司を事前に味方につけていれば長期戦では勝てそうです。

勝ち目がないのにわざわざ対立に持ち込むのは正直、器用な生き方とは言えません。もちろん自分の信念に反することであれば、ぜひ戦ってください。そして、負けたら

組織を飛び出せばいいのです。

その信念が正しければ、かならずどこかに理解者はいます。しかし、いまの組織を本気で変えたくて、そのためにはある程度出世して権限を持つしかないと思うのであれば、少なくとも礼節だけは忘れないようにしましょう。

◎礼節で上司の信用を勝ち取る

「礼節」とは決して人に好かれろという意味ではありません。礼節を忘れてはいけないのは不必要に人に嫌われることを避けるためです。仕事ができて最低限の礼節さえそなえていれば、一切ゴマすりなどしなくても上司の信用を勝ち取ることができるのです。

もし、新たな上司の下で働くことになったら、その上司の感情の機微をしっかり観察し、どんなことで感情的になりやすいのかしっかり見極め、その地雷だけは踏まないように気をつけましょう。

図解 礼節が最大の武器である理由

陸海空による「礼節の度合い」の違い

礼節を考えるうえで考慮すべき点は、組織風土によって求められる「礼節の度合い」が異なることです。

自衛隊でも陸海空によって組織風土は異なります。

自衛隊ではこんな譬え話があります。陸海空の幕僚監部の部長が一堂に会する会議があったとします。それぞれの部長の階級は将補（外国軍では「少将」）、後方には上官をサポートする三佐（外国軍では「少佐」）クラスの担当者（参謀）たちが資料やノートパソコンを抱えて控えています。その会議で部長がなにかの勘違いで間違った発言をしたとしましょう。

そのときの参謀の対応の仕方が、陸海空ではっきりと異なるのです。

▼【陸上自衛隊】発言ミスに気付いても参謀たちは黙っています。その代わり、会議が終わった瞬間に参謀が会議室を忙しく歩きまわり、「先ほどの発言は……」と上官のしりぬぐいに奔走します。

▼【海上自衛隊】発言ミスに気付いた参謀が後ろでメモを書き、部長の背後からスッと差し出します。そしてそれを読んだ部長が、その場で自ら発言を訂正します。

▼【航空自衛隊】発言ミスに気付いた瞬間、後ろにいる参謀が挙手をし、「いまの部長の発言ですが」と参謀自ら訂正をします。

これらは決してデフォルメされた例ではなく、「市ヶ谷（防衛省）」ではよくある光景なのです。みなさんはこうした対応の差をみてどんなことを感じるでしょうか。そして、みなさんがお勤めの会社は、いったいどのタイプの組織でしょうか？

陸上自衛隊の対応の仕方はいかにも日本的で、「上司のメンツを守ること」が最優先された対応です。部長の間違った発言によって混乱する参加者もいるはずですが、そんなことは二の次です。

陸自の対極にあるのが航空自衛隊。こちらは逆に上司のメンツなど二の次で、「正すべきことは正す」ということに重点が置かれた非常に合理的な対応です。シングルシートファイター（戦闘機乗り）が多いからでしょうか、航空自衛隊は昔から個人や小規模な班の権限が強く、結果的に自律した隊員が育ちやすく、欧米的な組織といえます。

では、海上自衛隊の対応の仕方はどうでしょうか。こちらは上司のメンツを保ちつつ、正すべきことは正すという非常にバランスの取れた対応だと思いませんか？

私はアメリカ勤務の経験もあるため、空自のように「部下が物事を直接正してなにが悪いんだ」という姿勢は嫌いではありません。しかし、現実的に考えると多くの日本組織でこれが受け入れられるとは思えません。

そうなると、**下意上達**（**ボトムアップ**）**のルートをしっかり確保しつつも最低限の礼節は守る**という海自式のスタイルが「理性ある服従」を実現する手段として、いまの日本に一番合っているのではないかと感じています。

上司が判断ミスをしそうなときの対処法

いま述べた例は上司がミスをした直後の対処法ですが、たとえば、上司が明らかな判断ミスをこれから犯しそうなとき、参謀はどう振舞うべきでしょうか。すなわち、**ロジックを優先するか、礼節を優先するか**です。

もちろん、この判断は状況によって異なります。

上司の判断が不正行為や犯罪行為など、みなさんの道義や社会正義に反することであれば、援軍を募って徹底的に戦ってください。そこは「礼節」ではなく**「廉恥」**と**「真勇」**を発揮すべき場面です。

しかし、大半の場面ではそこまで深刻ではないはずです。たとえばA案かB案かを選ばないといけない場面で、合理的に考えればA案しかないはずなのに、上司なりのこだわり（判断基準）でB案に決めるようなときです。

自分の見解を事前に伝えることは参謀としての務めです。しかし、それで上司の考え方が変わらないときは**必要以上に戦わず、嫌な顔もせず、上司の判断を素直に受け入れ**ましょう。

性格がまっすぐな人ほど納得しづらいと思いますが、参謀は上司の補佐役であり意思決定者ではないのです。一旦、組織として意思決定されたならば、それまでの態度を変えて決定に従うことが必要です。

すべて自分の思い通りに物事が進むと期待することがそもそもの間違いです。そこで我を出しすぎると上司も感情的になり、場合によってはあなたの組織での評価が下がります。そこまでして戦う価値があるのか、ということです。そもそも、自分が無知で、上司の決断が正しいことも往々にあるわけですから。

◎上司の判断ミスで生じる損害を想定し対策する

では、上司のミスに対して指をくわえてみていればいいのか？　もちろん、そうではありません。

たとえばプロジェクトが失敗すると予見できるとき、私の場合はプロジェクトの振り返りのときに使えるデータなり要因分析を用意し、数値的データなど見える化をして、上司が自ら反省できるような状況を作るようにしていました。人のこだわりは他人の助言で簡単に変わるものではないので、**上司本人が自分の間違いに気付くよう、うまく誘導する必要がある**のです。

また、判断ミスで生じるであろう負の影響を推論、すなわち第3章で述べた**「受容性」の観点から検討し、対策を講じておく**ことも優れた補佐役のやるべきことです。


これは私の経験ですが、こんな例もあります。私が潜水艦で水雷長だったころ、ある港への入港作業で、ヒヤリハット事案がありました。

潜水艦を着岸させるため、当時、私は前部の上甲板指揮官として、最初に岸壁にもやいを取る作業の責任者でした。入港の際、船は着岸直前に、「停止」の号令をかけ、スクリューの回転を止め、それまでの速力の惰力で進み、最後に「後進」の号令で、スクリューを逆回転させて着岸するのが通常の手順です。

しかし、その日は岸壁への進入速度が普段より速いことに気づきました。そこで私はすぐに前甲板から艦橋セールを見上げながら、

「スピード速い！　停止がかかっていない！」

と、叫ぶとともに、私の判断で前甲板にいた部下たちに「衝突用意！　後部に下がれ！」と号令をかけました。

幸い岸壁ギリギリのところで潜水艦を止めることができましたが、原因は艦長からの「停止」の号令を操舵員に伝達すべき先輩幹部のミスでした。

組織である限り必ずミスは起こります。そんな状況に直面しても、主体的に考え、最善の行動方針を選択し、実行することも参謀の条件だと思います。

ステークホルダーへの事前報告

職場における礼節という意味で、参謀を目指す人がもうひとつ覚えておきたい具体的な実践項目はステークホルダーへの事前報告です。

図解 上司が判断ミスしそうなときは…

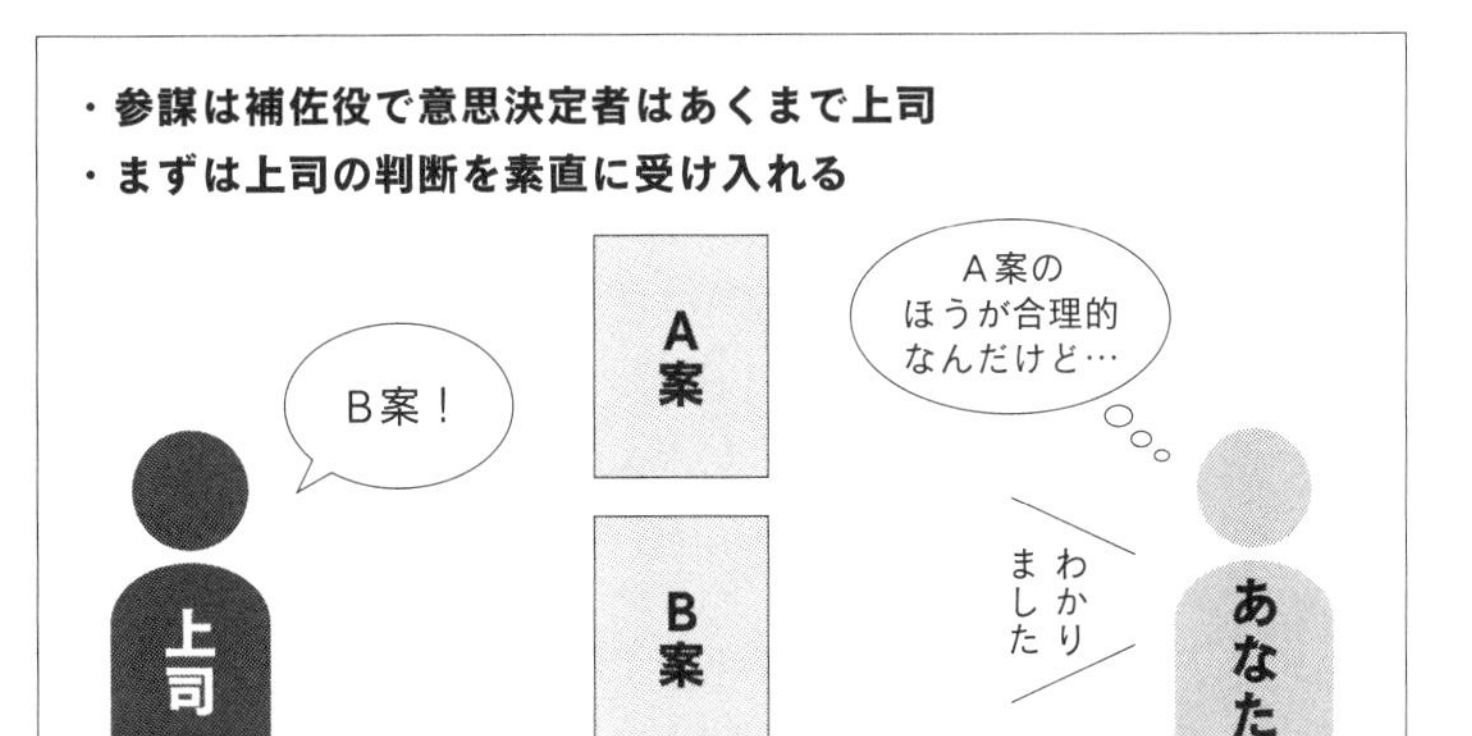

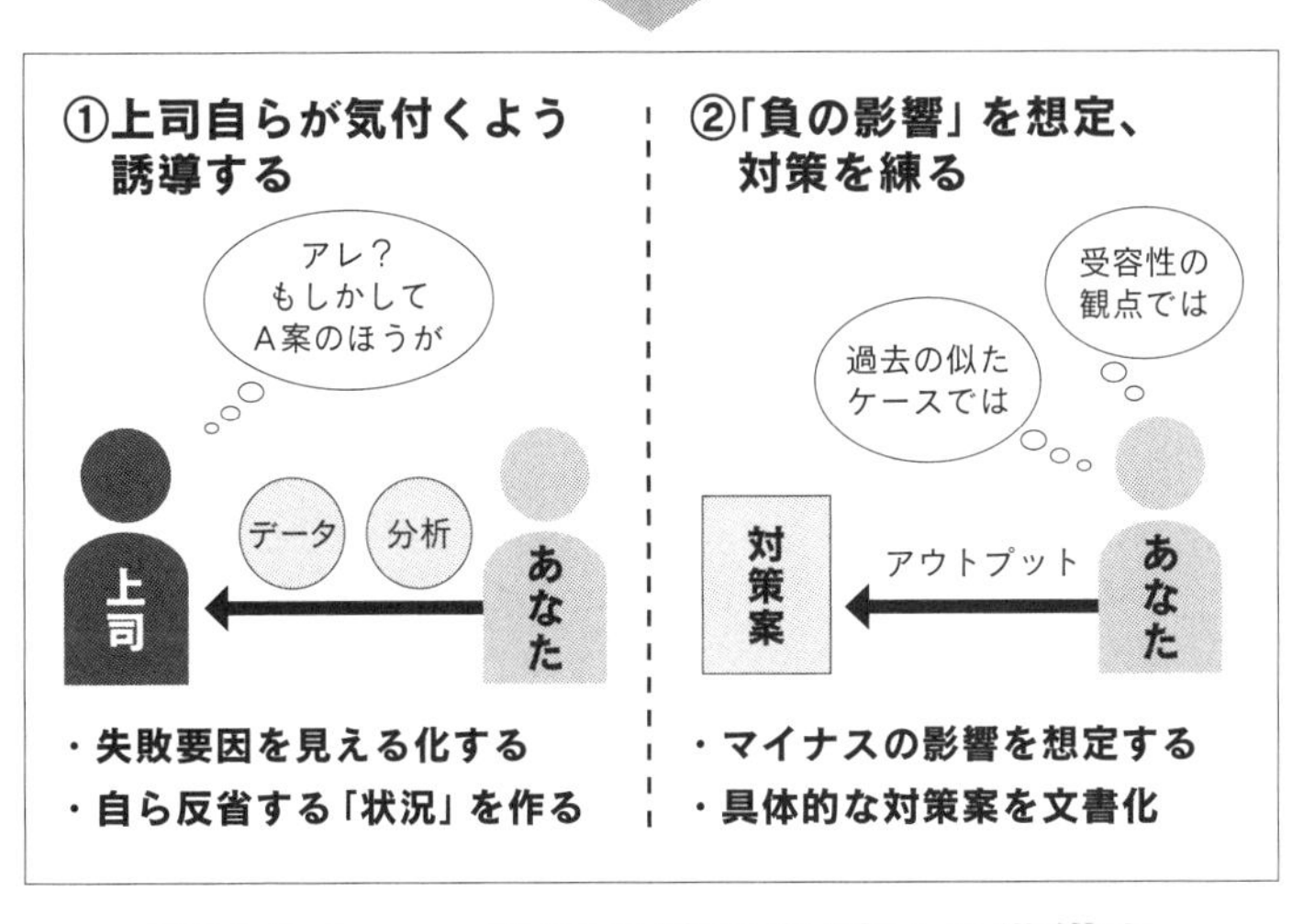

受け入れつつ最悪の結果を避ける準備を

といってもパッとイメージが湧かない人もいるでしょう。そこで理解のヒントとして、私が大学院の授業で実際に使っている演習問題を紹介します。

幼稚園でお祭りを開催することになり、園長先生からの依頼でイベントの企画と運営をＰＴＡが行なうことになりました。ＰＴＡの中から実行委員が選ばれ、企画を練り、父兄の協力を得ながら着々と準備をすすめていました。

するとある日、実行委員長が園長先生に呼びだされ、

「今回の件で父兄からクレームがきました。皆さんはなにをしているんですか！」

と強い剣幕で怒られました。実行委員長も

「仕事の合間を縫って子どもたちのために頑張っているのに、何で怒られないといけないんだ」

と、一触即発の状態です。

さて、この実行委員長はどのような過ちを犯したと思うでしょうか？

答えは「実行委員会が実施計画の途中経過などを園長先生に伝えていなかった」ことです。もし、一部の父兄からクレームが入る可能性が予見できたのであれば、その時点で園長先生に計画の概要を伝え、

「この件に関してはクレームがあるかもしれません。園長先生からも説得をお願いできますか」

あるいは

「もし、クレームがあったら私たちに振ってください」

と伝えるべきでした。これは不慣れなプロジェクトリーダーが犯す典型的なミスです。「自分たちのプロジェクトだ」と捉え、ステークホルダー（この問題の例でいえば園長先生にあたる）に「連絡・相談」をしていないという事例です。

クレームを入れる人からすれば幼稚園のイベントの責任者は園長先生だと考えるのは当然です。それにクレームを受けるときの園長先生の気持ちを考えてみましょう。

「え？　いきなり文句を言われても計画の中身を知らないし、これじゃあ説得も反論もできないじゃないか。そもそも、なぜプロジェクトリーダーは私になにも伝えないいんだ」と怒りでいっぱいのはずです。

◎自分の意見が通りやすい「環境」をつくる

頭脳明晰な人や実務能力の高い人ほどある程度自分ひとりで計画を練ることができてしまうので、なにかプロジェクトなどを進めるときに**「周囲を巻き込む」という工程を省略しがち**です。

「いちいち〝ホウレンソウ〟するなんて面倒くさい。正しいことをやるんだから、事後報告でも文句は言われないだろう」

と思い込んでしまうのです。しかしその結果、味方から足を引っ張られ、プロジェクトが頓挫（とんざ）するケースを過去に何度も見てきました。

「この計画のどこに問題にあるんですか？　説明してください！」

と食い下がっても、相手は感情的になっていますから、聞く耳をもちません。

第1章でリムパックの話をしましたが、実は、その成功要因のひとつもステークホルダーへの事前報告でした。自分が艦長を務める潜水艦のリムパックへの参加が決まった段階で、私はすぐに直属の上司にあたる隊司令にこう伝えました。

「私はリムパックから逆算してチームをつくります。国内の演習では意図的に当直士官にすべて任せ、鍛えようと思います。

おそらく大失敗して大恥をかくと思いますが、その失敗体験が彼らを成長させます。その責任は私が受けますので、どうか、うちの部下たちを責めないでください。潜水艦隊司令官や群司令にも、ぜひ、このことをお伝えください」

すると上司は、

「わかった。お前の好きなようにしろ。群司令もわかってくれるはずだ」

と言ってくれたのです。

実際、国内演習では散々な結果となり、「伊藤はいつも生意気なことを言うけれど全然ダメじゃないか」と怒り出す幕僚たちもいました。しかし、私が事前報告していた隊司令や群司令がかばってくれたおかげで無事リムパック本番に旅立つことができたのです。

大事なポイントを付け加えておくと、私が事前報告をして了承をもらえたのは日ごろから上司との間で信頼関係を構築できていたからです。もし関係が作れておらず、さらに上司が自分のメンツを重んじるタイプだったら、「演習に国内も国外もない。すべて完璧にこなせ」と、私のアイデアを潰していたかもしれません。

本気で実現したいことがあるときは作戦の精度を高めるだけではなく、**自分の考えが通りやすい環境づくり**にも注力しましょう。どれだけ理想的なアイデアを持っていても、実現しなかったら意味がありません。優秀な参謀とは、理想と現実の折り合いの付け方まで考え抜くものなのです。

目利き力の鍛え方

組織のなかでできるだけ敵をつくらず、なおかつ自分のやりたいことを実現していくためには、結局のところステークホルダー一人一人がどんなことに価値を感じて、どんなこだわりを持っているかを正しく読み取り、自分の言動を調整していくしかありません。ようは**高い目利き力**と、その推論を活かす**戦略性**（作戦計画）があれば、どんな組織でも活躍できるということです。

その肝心の目利き力の鍛え方ですが、これは前章で紹介した推論力そのものです。**スタートはとにかく観察から。**「この人はこういう場面でこういうリアクションをする」といったサンプルをどんどん集め、そこにパターンを見出し、法則の引き出しを増やしていく帰納法です。そして平行して、その法則を演繹やアブダクションといった形で使ってみながら、法則の精度を上げていきます。

とはいえ、人を特徴づける尺度は無数にあります。楽観的なのか悲観的なのか、利他的なのか利己的なのか、理想主義なのか現実主義なのか。できるだけ多くの尺度で分析できることにこしたことはないですが、少なくとも「上司の目利き」をする際に**重要な尺度が2つ**あります。

1つはすでに述べたように**「踏んではいけない地雷」**を探ること。「どんなことを言われたら感情的になるのか」「どれくらいなら許容できるのか」。こうしたことは上司の普段の言動をよく観察することで気付けます。

もう1つ私が重視していた尺度が**「自分の意志があるか、ないか」**です。新しい上司の下に付くたびに、その人が「なにかをしたい！」という意志をもった人なのかどうか真っ先に見極めてきました。実際に上司と5分くらい話をすれば想像が付きます。

なぜ意志が重要かというと、意志をもっている人は前に進もうとするからです。参謀として支え甲斐がありますし、活躍する場面も増えます。私がなにかリコメンドをして仮に却下されたとしても、意志をもっている者同士は惹かれ合うのか、一緒になっていろいろ考えてくれるものです。

逆に意志のない上司はまったく動こうとしません。こういう上司にあたってしまった場合、基本は変に戦おうとしないこと。提案を上げるときも、上司はリスクを取ることも、面倒な仕事もしたくないわけですから、その心配はないことを強調する形で提案しないといけません。

手間はかかりますが、仕方がないと割り切るしかありません。

図解 意見が通りやすい環境づくりには

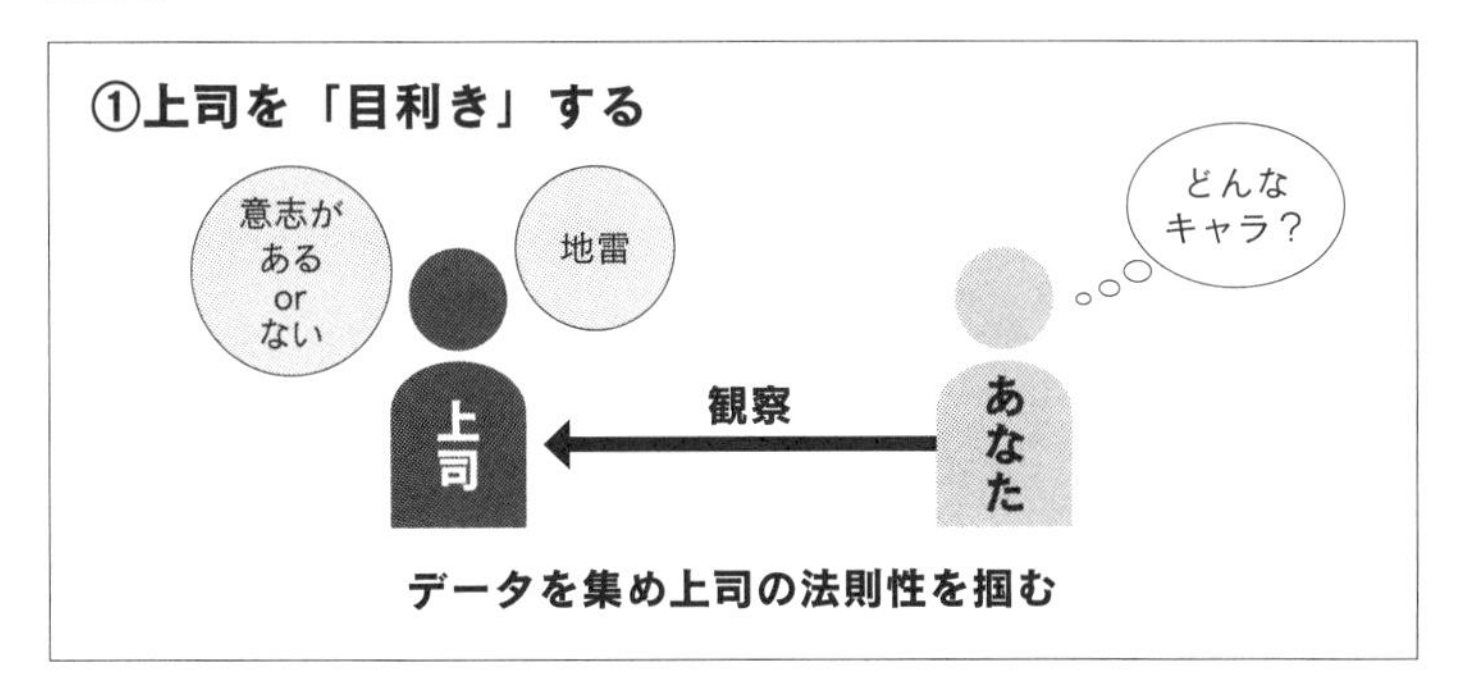

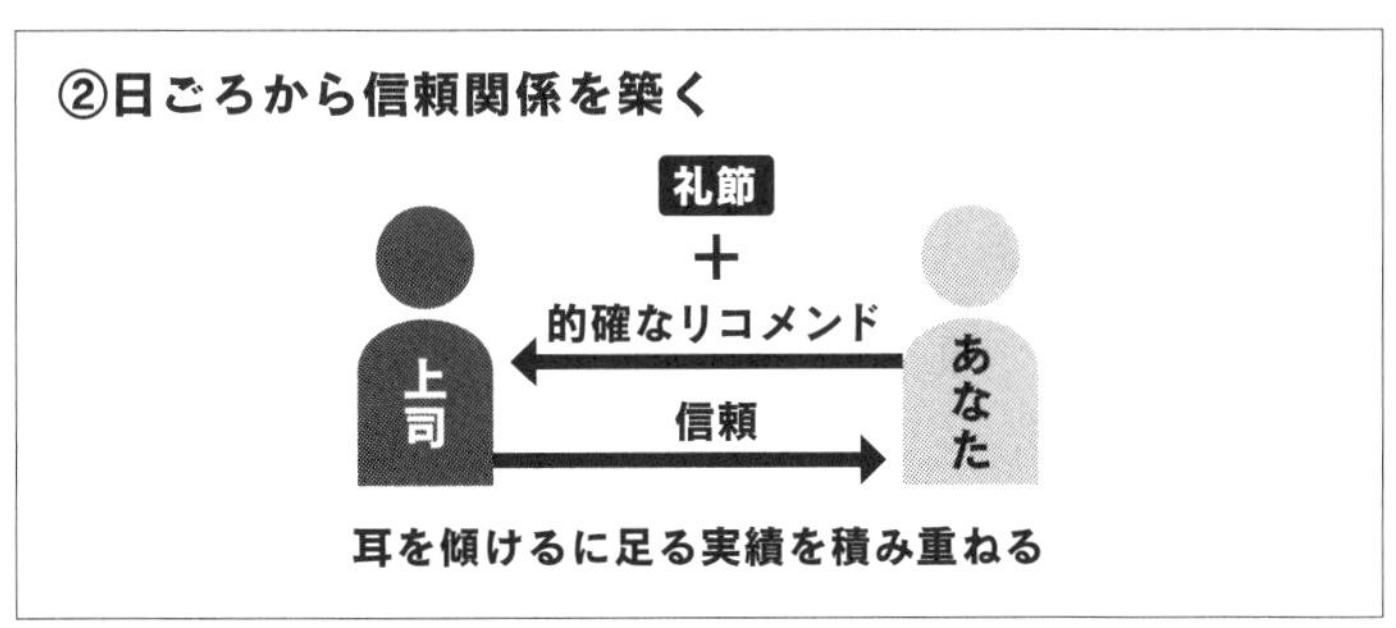

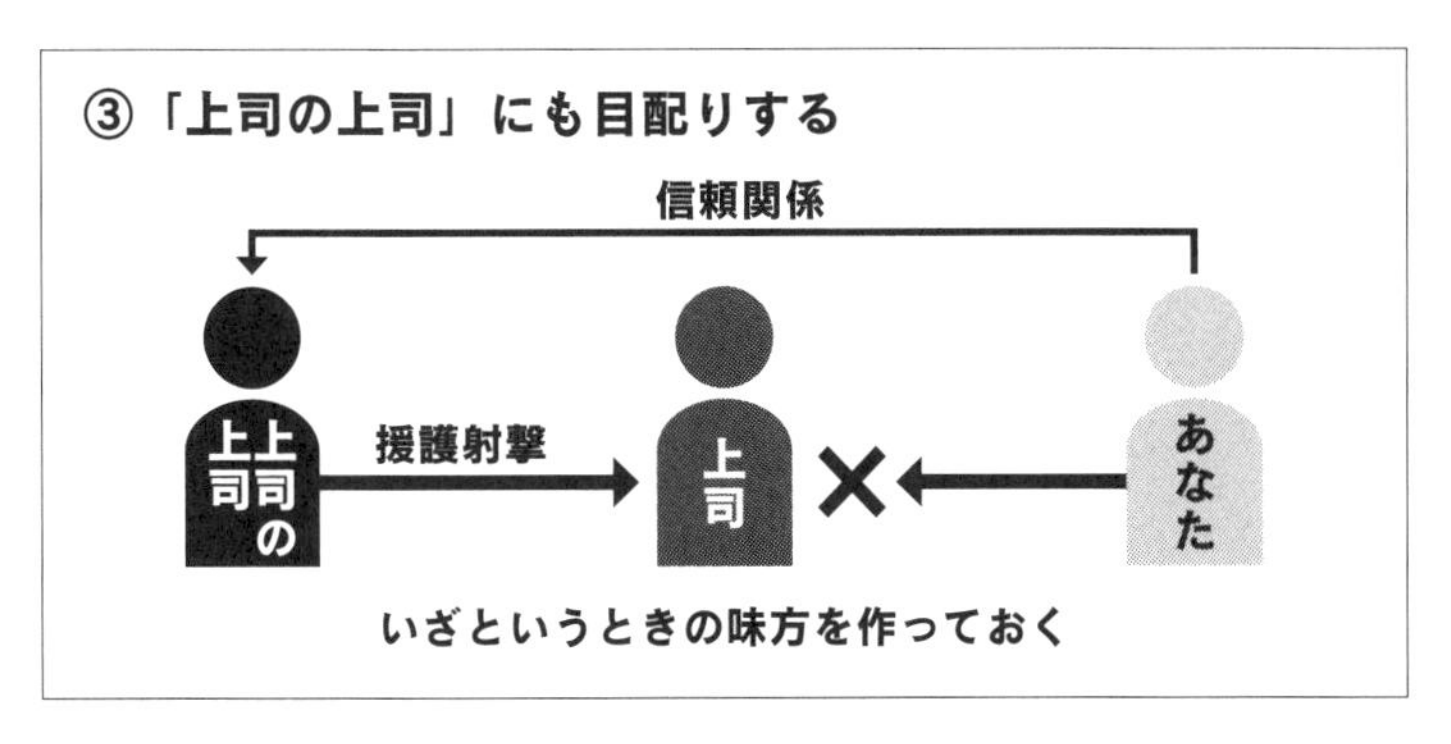

「ボス・マネジメント」という考え方

「意思のない上司」の話に通じる話になりますが、MBAの授業をしていると「気に入らない上司がいるがどうしたらいいか」という質問を毎年必ずされます。なかには「できることなら口も利きたくない」というレベルまで対立している人もいます。参謀の役割は上司を補佐することだと頭でわかっていても、上司との相性が悪いと気持ちが乗らないのは仕方のないことかもしれません。

これは、上の役職に就くためには、以下の3つの能力を身に付ける必要がある、と考えているからでしょう。

① 地位にふさわしい仕事ができる高い能力
② 地位にふさわしい高邁（こうまい）な人格
③ 地位にふさわしい権威と権力

ところが実際には、とくに①と②が欠けた上司しかいない、と多くの部下が思っているということです。これが部下からすれば「なんでこんな人が……」と思ってしまう理由です。

そういうときにひとつのヒントになるのが、アメリカ発祥の「ボス・マネジメント（以下、ボスマネ）」という考え方です。

簡単に言えば、**上司をひとつの「機能」もしくは「資産」としてみる**というものです。たしかに、3つの能力のうち、③は、上司でなければ持ちえない機能であり、だからポジション・リスペクトする必要があるのです。

ちなみにアメリカには強烈なリーダーシップで組織を強引に動かす手法としての「ボスマネジメント」という用語もありますが、そちらは「ボス（が）」で、私が推奨したいのは「ボス（を）」マネジメントする概念です。

ボスマネにおける基本は、**「ボスは顧客として扱え」**ということです。セールスパーソンが顧客と向き合うときに、「この客は性格わるいな」「なぜこの説明で理解できないんだ」と顧客の性格や能力を批判することはないはずですし、「この客は気に食わないから無視しよう」とも思わないはずです。

買ってくれないなら「どうやったら買ってくれるだろう」と、理解してもらえないなら「どうやったら理解してもらえるだろう」と必死に考え、営業アプローチを工夫するはずです。それとまったく同じような態度で上司に向き合いましょう――というのがボスマネの基本です。

上司と部下を対等に捉える考え方、という表現もできます。上司と自分の関係を「偉い、偉くない」という文脈でとらえず、

「上司には上司の役割があり、部下には部下の役割がある。それらの役割を合算して何かを成し遂げることがチームの目的である」

という機能的な文脈で上下関係を捉えてみると、新たな視点が開けるかもしれません。

ボスマネを深く知りたい学生にいつもすすめているのはリクルートワークス所長・大久保幸夫氏の『上司に仕事をさせる技術』（PHP研究所）という一冊。この本のなかで参考になるのが**「上司の7つの機能」**という記述です。

図解 ボス・マネジメント「上司は“顧客”として扱え」

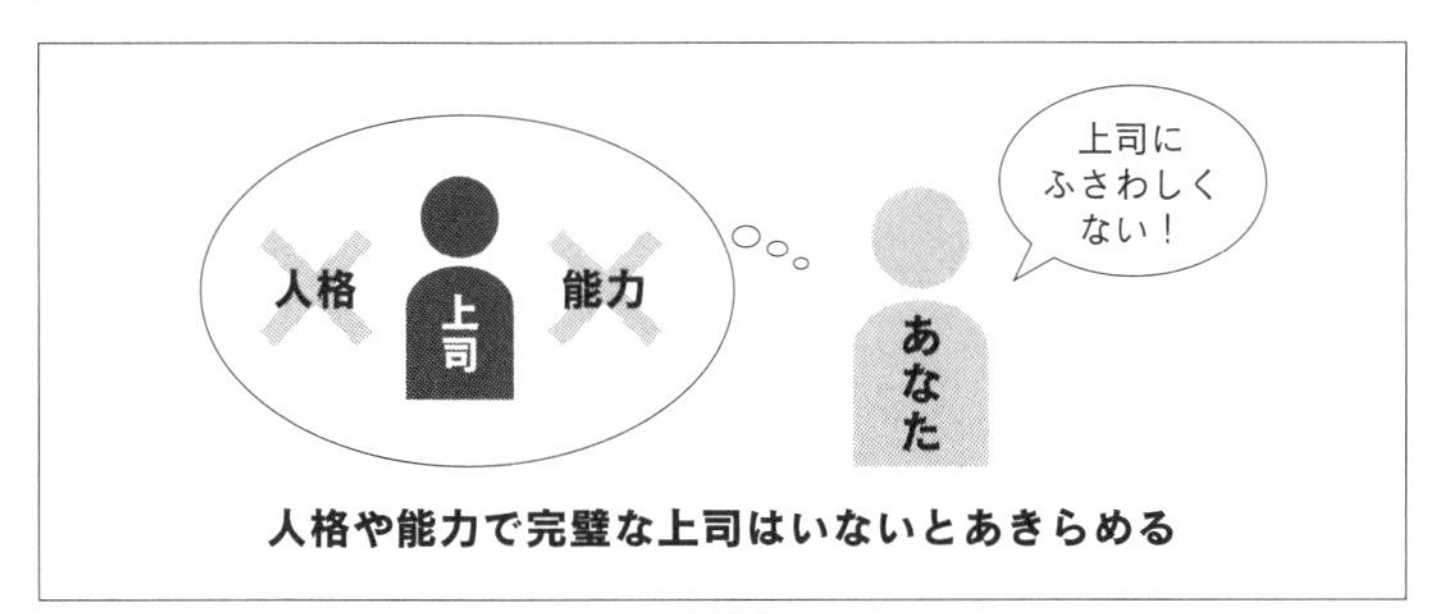

この考え方自体を変えて

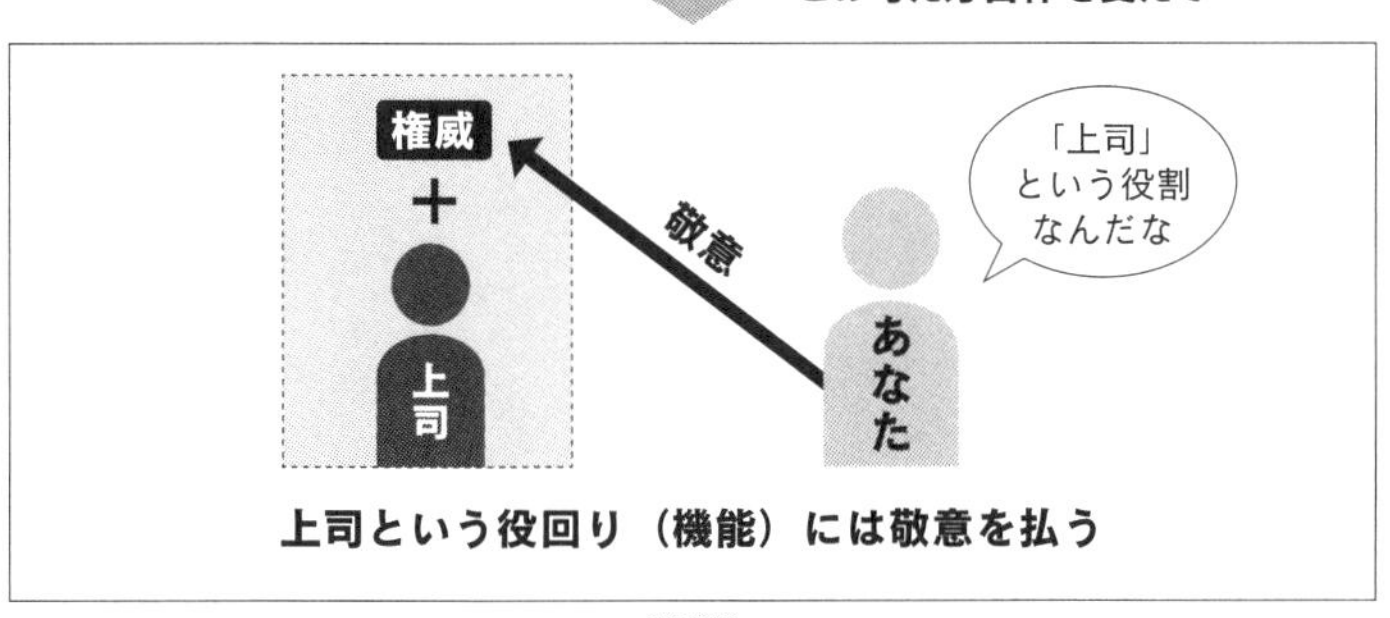

これを踏まえて

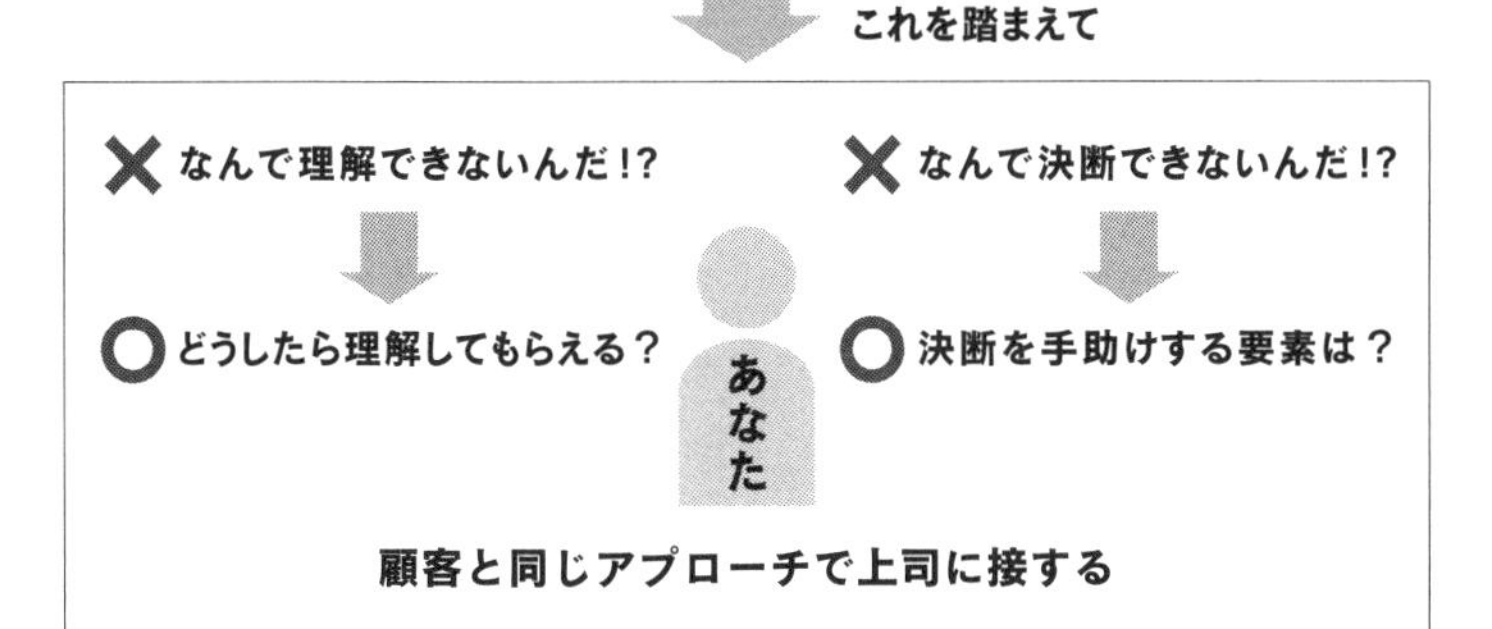

▼**キャリアコーチ**

キャリア形成に関する相談相手

▼**アセッサ**

評価をしてくれる人

▼**トラブルシューター**

問題解決を依頼できる人、責任を取ってくれる人

▼**スタンパー**

承認を出してくれる人

▼**ハイパープロフェッショナル**

スキルを教えてくれる人

▼**コワーカー**

仕事を分け合い協働してくれる人

▼**ネットワーカー**

自分にはない人脈を持っている人

つまり、上司はこうした便利な機能を持っているのだから、部下はもっと上司をうまくマネジメントしていこうよ、使わないなんて「もったいないよ」という考え方です。その場合、仕事に対しても「(上司から)与えられるのを待つ」のではなく、「自ら取りにいく」という発想に転換することが重要です。

◎上司の〝機能〟を引き出す3つの方法

では、具体的にどうすれば上司をマネジメントして便利な機能を引き出せるか？　ベストな方法は上司一人一人の性格などによって変わるはずですが、私の経験上、最低でも次の3つのことをしていれば、日本型組織の9割型の上司はある程度動いてくれると思っています。

▼レンソウ・ホウを頻繁にすること(詳細は192ページからのコラム参照)
▼上司の面子(めんつ)を潰さないこと
▼上司の「地雷」を踏まないこと

結局、これまでお伝えしてきたことにほかならず、この章で取り上げてきた礼節や自尊心の話です。

生理的に好きになれない相手をわざわざ好きになる必要はないですし、必要以上に仲良くなる必要もありません。でも、その感情を表に出さずに最低限の礼節を守ることなら大人であればできるはずです。

「上司が怖い」と感じる人へのアドバイス

一方、上司のことは嫌いではないけれども、上司の反応が怖くてなにも言えないという人もいるかもしれません。

そうしたリーダーに対して過剰におびえてしまう人に伝えたいことがあります。どれだけ雲の上にいるようにみえるリーダーでも、みなさんが思っているほど賢いわけでも、優れた人間でもないのです。

雲の上にいるようにみえるのは、「社長」や「役員」といったタイトルが作り上げた

図解 上司の７つの機能と引き出す３つの方法

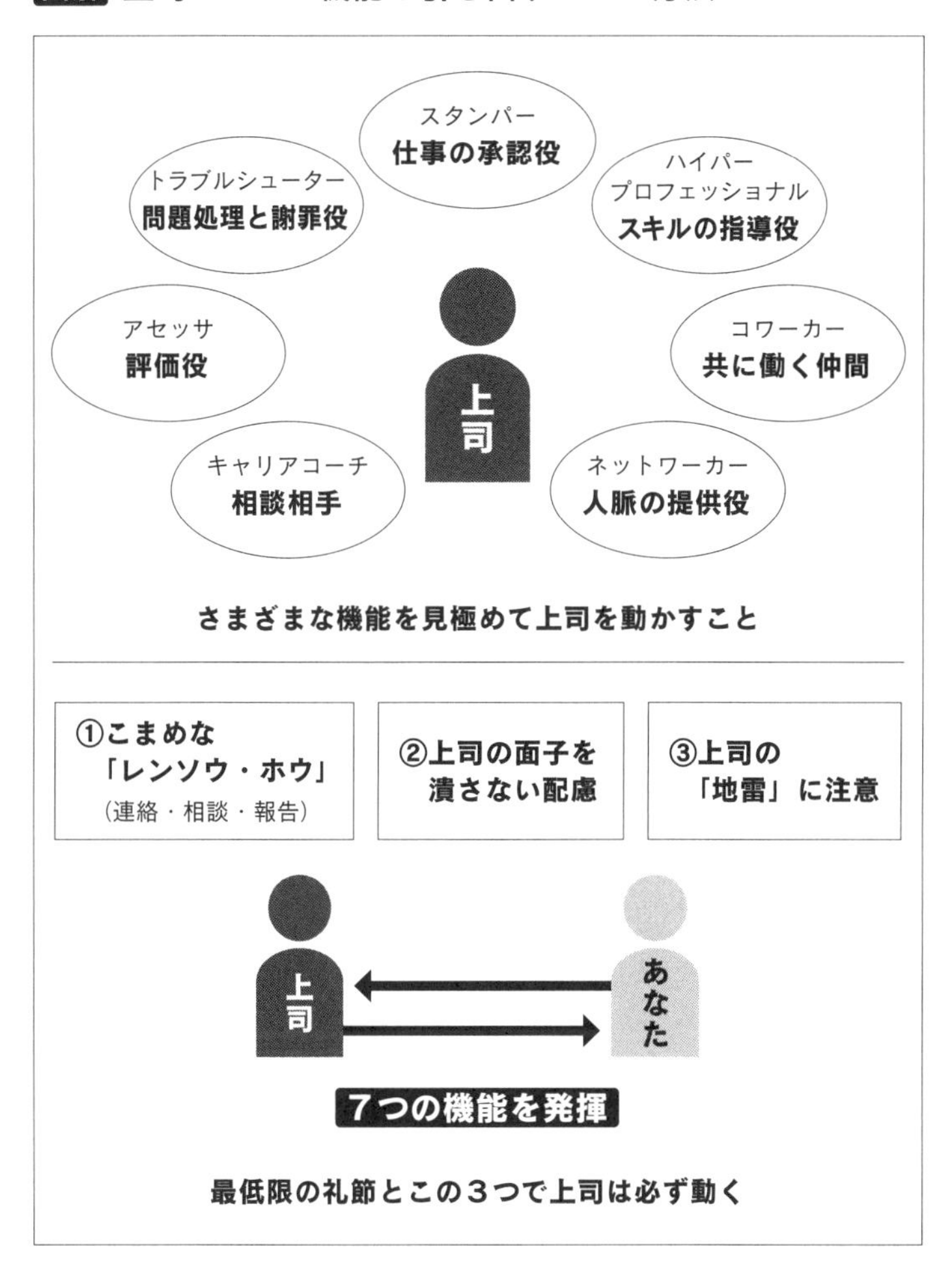

虚像といってもよいかと思います。たしかに、世の中にはそのタイトルにふさわしい能力や人格を兼ね備えた方もいらっしゃると思いますが、そういった人のほうが少ないのです。

私はいまでも思い出します。9000人の隊員を率い、一千数百億円の予算を執行する呉地方総監となり、総監室に入ったときのことです。金色に輝く3つ星の肩章を付け、重厚な家具に囲まれながら革張りの椅子に身を沈めた瞬間、「ああ、これが総監の椅子か」と少し感慨深いものがありましたが、次の瞬間、こう思ったのです。

「でも俺、なにも変わってないなあ……」

普通の新入社員として入社し、キャリアを重ねて社長になった人たちはおそらく同じような気持ちだと思います。若いころはとんでもなく高いポジションと仰ぎみていたのに、いざそこにいってみると、客観的にみたポジションの高さと自分の中身が不釣り合いに感じてしまうのです。

しかし、部下も世間もそうみていることには変わりがないのですから、ある程度そのポジションに合った振る舞いをしないと組織の秩序が保てません。「僕はそんなことはないから」といって、変に下に降りようとすると、かえって部下にとって迷惑になることが多いのです。

それは、「権威」「権力」というものが、そのポジションに付いてくるものだからです。帝王学の基本中の基本といってもよく、もし部下が仰ぎみるポジションであるならば、少しはそこに乗る必要があるのです。

実は「雲の上の人」の実態はそんなものなのです。だから、過度に恐れる必要はまったくなく、ポジション・リスペクトさせ忘れなければ、どんどん意見を言って大丈夫なのです。

ANA（全日空）のアサーション

みなさんは「アサーション（Assertion）」という言葉をご存じですか？

ひと言でまとめるなら、異なる意見をもつ相手とのコミュニケーションには3つのタイプがあると捉える考え方です。その3タイプとは次に挙げたようなものです。

▼アグレッシブ
相手の気持ちを無視して自分の意見を押し付ける

▼ノンアサーション
自分の考え方を後回しにして、自分の意見を表現しない

▼アサーティブ
自分の意見も相手の意見も尊重し、納得のいく結論を出す

このアサーションという考え方を積極的に取り入れている企業が、日本を代表する航空会社のANA（全日本空輸）です。

たとえば、閉鎖空間である航空機の中で、客室乗務員のみなさんはいろいろなお客さんを相手にする必要があります。酔っぱらって一方的に怒鳴りつけてくるような人たちに、ただひたすら頭を下げて謝っていては、客室乗務員のストレスは高くなる一

方です。それに対して、このアサーションとは、そもそも「主張」や「断言」という意味ですから、**相手の意見だけではなく、自分の意見も堂々と主張しよう**という考え方なのです。

◎言語化し、説明し、提案し、選ばせる

では、具体的にはどう活用するのでしょうか？

アサーションを解説した書籍などでは、「ＤＥＳＣ（Describe／Explain／Specify／Choose）で表現する」と記されています。たとえば、相手からのトラブルになりそうな会話がなされた際、次の順番でこちらの意見を主張するのです。

▼**Ｄ：状況を客観的に表現（Describe）する**

▼**Ｅ：自分の気持ちを説明（Explain）する**

▼**Ｓ：具体的な提案（Specify）する**

▼**Ｃ：代案を述べて選択（Choose）させる**

たとえば、長電話を途中で切り上げたいときは次のようになるのでしょう。

【D】「話し始めてから1時間が経ちました」
【E】「私は、今日はとても疲れていて、集中力が切れてきました」
【S】「今日の話はそろそろ切り上げて、続きはまたにしませんか」
【C】「切り上げてもよければ、近日中に私から連絡します。もし、このまま続ける必要があるなら、その話はあと10分くらいでまとめられますか」

そしてこのアサーションが社内ですでに一般化しているANAにおいては、部下から上司に意見をしたい場合、メールの冒頭に「アサーションします」とひと言添え、そのあとに提案や自分の意見などを述べるようになっているそうです。
上司側もそのひと言がないと、「なに生意気なことを言っているんだ」となりますが、これがあると「なにかな」と心の準備ができるそうで、結果的に風通しのよい職場環境が形成されています。

上司が怖いと思われている方は、ぜひ参考にされるとよい方法論です。

Column

「ホウレンソウ」より「レンソウ・ホウ」

第4章の本文中で「上司に動いてほしいなら〝ホウレンソウ〟が欠かせない」と書きました。「ホウレンソウ」とは、いまから40年ほど前にヒットしたビジネス書がきっかけで普及した言葉だそうです。上司と部下という関係性のなかで円滑に仕事を進めていくうえで報告も連絡も相談も大切なことです。

しかし、私が長年気になっているのはその「順番」です。

「ほうれん草」との語呂合わせが覚えやすいからそういわれるようになったと想像できますが、ビジネスの現場をみていると最初の「報告」ばかりがクローズアップされていると感じます。

上司は日ごろから「ちゃんと報告しろ」「初度・中間・最終報告の三段階をせよ」と部下に言い、部下は部下で「ちゃんと報告しなきゃ」とプレッシャーを感じる。でも現実は、初度・中間報告なしで、上司の意図に沿わない「最終報告」が期日ギリギリでいきなり提出されていませんか？　報告が重要なことは論を待ちませんが、果たしてそこまでのおおごとにする必要があるのでしょうか？

仕事で楽をしたければ「連絡」と「相談」が近道

先日、大学院でメンタルヘルスに関する授業を行なったとき、社会人学生のひとりがこんな質問をしました。

「なぜ、どこの会社に行ってもホウレンソウ、ホウレンソウとうるさいのでしょう。私にとって会社勤めの一番のストレスはホウレンソウなんです」

彼の質問に答えて、私はこう尋ねました。

「ホウレンソウを負担に感じるのは、「報告」内容を考えるのが難しくて大変だと思っているからでしょう。それは「連絡」と「相談」が足りていないからじゃない？」

「報告」と「連絡」と「相談」。一見並列のように見えますが、報告はアウトプットであり、連絡と相談は**アウトプットを出すためのプロセス**です。

言い方を変えると報告は上司に対する義務であり、連絡と相談は任意。「任意だからやらなくてよい」という人もいるでしょうが、私はむしろ**仕事で楽をしたいなら、上司に対して積極的に連絡と相談をしにいくこと**だと思っています。

なぜなら、まず第一に報告と比べたら、連絡と相談のほうが心理的安全性は高いからです。それに、

「こんな方向性でいこうと思っているのですが大丈夫でしょうか?」

「ここがちょっとわからないので教えていただけますか?」

といった連絡と相談を上司にすれば、上司の求めるアウトプットのイメージが鮮明になり、最短で完成度の高い報告に近づける――これが第二の理由です。

そしてこれは第3章でお伝えした「WHAT」と「HOW」のキャッチボールということですし、第4章で紹介した航空自衛隊の上司に対する「意図伺い」の主な目的も、まさにこれにあたるでしょう。とはいえ、

「〝連絡・相談〟にいったりしたら、『そんなこと自分で考えろ!』と怒鳴るのがうちの上司ですよ」

という方もいるかもしれません。しかしそれは、相談の仕方が丸投げだからではな

いでしょうか？　「○○でよろしいでしょうか」という「提案型」の相談に対して、自分で考えろというバカな上司はいないはずです。

そもそも優秀な上司であれば、提案型で連絡と相談をしょっちゅうしてくれる部下なら、正式な報告は不要という状態になるでしょう。正式な報告書は、上司自身が自分の上司に報告する際に「手持ち資料として使うから提出してくれ、内容はよくわかってるから」という具合になるのです。

こまめな「連絡・相談」で上司を操る上級テク

いざ自分が報告を受ける立場になると、連絡と相談をしてくれる部下がいかに重宝するか身をもってわかります。上司にとって、締め切りギリギリに提出されたうえ、まったく意図を理解していない部下からの報告の手直しほど腹立たしく、無駄な時間はないからです。そして残念なことに、そういった部下のほとんどが、連絡・報告をおろそかにするタイプの人間なのです。

ということで、「ホウレンソウ」を正しく並び変えるとしたら、「レンソウ・ホウ」。

つまり**「連絡・相談∨報告」**なのです。とはいえ……、

「細かく連絡と相談なんてしていたら、上司の考えにハイハイ従うだけで、自分のやりたいことができない」

読者のみなさんのなかには、こんな反論が浮かんでいる方もいるでしょう。たしかに上司が凡庸な場合はありがちですね。

しかし、冷静に考えてみてください。上司の考え方とまったく異なる報告をいきなりあげ、その場で説得を試みて、果たしてイエスと言ってもらえるでしょうか？

その報告がいかにロジカルで、合理的で、洗練されつくしたものだったとしても上司が感情的な反応を見せたらそこで終わりです。そして、上司がノーと言えばノー。それが組織で働く者の宿命です。

私の場合、上司と意見対立することが予見できるときこそ連絡や相談をするフリをして、事前に情報を少しずつ与えるなどして上司の考え方を変えたり、外堀りを埋めたりする機会として使っていました。

第5章

【危機管理能力】プランとプランニング

危機のときこそ「参謀の真価」が問われる

新型コロナがマスコミで取り上げられだした当初、誰がここまでの天変地異を予測したでしょうか。大人も子どもも家に篭り、年間3千万人いたインバウンド客がいなくなり、サプライチェーンも乱れに乱れました。その変化に適応できず倒産を余儀なくされた企業もあります。

その一方で、早め早めの対応でピンチをチャンスに変えた企業もありました。今回の一件で私たちが学ぶべきことは、私たちが普段当たり前だと感じていることは決して当たり前ではないということです。

そこでこの章では参謀として最低限知っておきたい不測の事態への対策・対処の仕方に関する基礎知識を解説したいと思います。

混乱を避けるために用語の解説を簡単にしておくと、危機管理はリスク・マネジメントの一種といってよい概念です。このあと解説しますが、リスク・マネジメントとは将来的に損失に発展する可能性のある**事象**（**リスク**）**に対処**（**マネージ**）することを言います。そして、数あるリスクのなかでも主に大規模な天災や戦争、テロのような甚大な被害の出る状況が起こることを危機（クライシス）といい、そこに特化した対処のことを**危機管理**（**クライシス・マネジメント**）と言います。

組織の危機管理能力を高めることは企業の存続に大きく影響する時代であるからこそ、ぜひ、みなさんにもリスク・マネジメントと危機管理のイロハだけはしっかり覚えてほしいと思います。

◎進化するリスク・マネジメント

ハウツーの話に入る前に、リスク・マネジメントの基礎知識をいくつか押さえておきましょう。

世界的にみると、リスク・マネジメントという分野はここ20年くらいで大きな変化を遂げました。２０００年くらいまでリスク・マネジメントといえば「企業の存続を脅かすモノ・カネの損失をどう防ぐか」という世界でした。そのためリスク・マネジメントは基本的に「保険に入ること」とほぼ同義でした。

しかし、2001年に2つの重大事件が起こります。アメリカ同時多発テロとエンロン社の破綻です。エンロン社の破綻は粉飾決済が明るみに出たことによって起こった当時のアメリカ史上最大の企業破綻となりました。

さらに翌年には、米大手通信事業者のワールドコムが、こちらも粉飾決済が最後の引き金となり、エンロン社よりも大きな負債額を抱えて破産することになります。このあたりからリスク・マネジメントの対象に「組織のあり方」や「外部からの信用・名声（レピュテーションリスク）」といった無形のことも含まれるようになります。

そしてリーマンショックが起こった2008年あたりからリスク・マネジメントの対象はほぼ全方位に広がるようになりました。組織にとっての目標達成を阻害する要因すべてをリスクと捉えるようになったのです。

必然的にリスク・マネジメントは全社的に行なうものであるという考え方に変わります。全社的に行なうリスク・マネジメントのことを**ERM（エンタープライズ・リスク・マネジメント）**と呼びます。

図解 リスク・マネジメントの基礎知識

リスク・マネジメント

財務的

・モノ・カネの損失をどう防ぐか
・基本は保険に入る

2000年以降

リスク・マネジメント

総合的

・外部からの信用・名声も対象に
・「組織のあり方」そのものも対象に

2008年以降

エンタープライズ・リスク・マネジメント（ERM）

戦略的

・目標達成をはばむすべての要因が対象

以上は主に欧米企業の話ですが、日本ではどうでしょう。実は日本企業のリスク・マネジメントは次の特徴があります。

▼「コンプライアンス」と「緊急時対応」に重きが置かれがち

▼財務的リスクに備える意識が薄い

日本企業が財務リスクに鈍感なのは、日本の高度経済成長の後ろ盾ともなった日本独自のメインバンク制度があるからです。困ったことがあればすぐにメインバンクが助けてくれる。そして、その銀行は国が支える。経営者は本業に専念するだけ。

しかし、そうした手厚いサポートを受けられる時代は終わり、企業は自力で生き残るしかなくなりました。こうした変化を含め、いま日本企業を取り巻く情勢は急激に変化しています。

▼メインバンク制度の崩壊

手厚い支援↓自助努力・自己防衛

▼**終身雇用制度の撤廃**

質・忠誠心の低下↓不祥事、事故の顕在化

▼**規制緩和**

ルールに従う↓ルールを自己責任でつくる

▼**グローバル化**

日本的な曖昧さ↓公正さ、透明性、説明責任

▼**社会的責任の要請**

株主のために↓地球のために・未来のために

▼**情報技術の革新**

単方向・中央集権型↓双方向・分散型（SNSなど）

長い商品サイクル↓短い商品サイクル

▼**気象の変化**

地震・洪水・干ばつ・猛暑・冷夏・暖冬

▼**法的要請**（会社法施行規則第100条）

リスク・マネジメント、コーポレート・ガバナンス、コンプライアンス、内部統制

こうした変化から日本企業もERMに舵を切る必要が出てきました。しかし、それまで一部の部署だけがリスク・マネジメントを行なってきた企業がERMを実現するためには、経営陣による強力な号令と、現場の理解、そして、経営陣と現場を橋渡しできる参謀の頭数が必要です。これが、これからの時代の参謀にとってリスク・マネジメントの知識は必須だと考える理由です。

リスク・マネジメントの基本となる2つの考え方

リスク・マネジメントにおける基本となる考え方が以下の2つです。

▼リスクは必ず顕在化する
▼リスクは仕組みで管理する

この前提を間違えると、リスク・マネジメントは中途半端な効果しかなくなりやすいので、頭にしっかり入れておきましょう。

まず**「リスクは必ず顕在化する」**について。「うちはこれだけ対策を講じているから大丈夫だ」と思っていても、**人は絶対にミスを犯しますし、モノはいつかは壊れます。**どれだけ気を付けても望ましくない人間が組織に紛れ込むこともあるでしょう。同業者で過去に起こった事故・事件は自分の会社でもいつか起こると考えるのが基本です。

いつか必ず顕在化するということは、リスクを１００％管理・防止することをリスク・マネジメントの目的にはできないということです。なぜなら会社の経営リスクをすべて全力で防ごうとすると莫大（ばくだい）なコストがかかるうえ、企業として「攻めの経営」が一切できなくなるからです。

リスクは必ず顕在化する。１００％防ぐことは最初から無理。さらに、対策にかけられるコストは有限である。では、どうすればいいか？

それは対処すべきリスクに優先順位を付ければいいのです。より具体的にいうと**「リスクを認識し、その可能性と影響度を事前に評価すること」**がリスク・マネジメントでもっとも重要な作業になります。

失念しがちなのが「認識」です。リスクに気付いていなければ評価も対策もできません。たとえば、2022年は急激な円安が話題になりましたが、事前に円安リスクを想定していた企業はダメージを抑えるどころかチャンスに変えています。また、リスク・マネジメントの世界では「認識できればリスク・マネジメントの6割は達成」という考え方もあるのです。

そして認識できたリスクを評価し、「このリスクの対策にはこれくらいのコストをかけよう。このリスクは後回しにしよう」と総合的に判断するのがリスク・マネジメントにおけるリーダーの一番の仕事であり、その**「判断材料を提供すること」**と**「実際のリスク対策を検討すること」**が参謀の仕事となります。

◎ミスや事故の確率を下げるシステム構築を

次に、もうひとつの**「リスクは仕組みで管理する」**について。

多くの組織ではミスや事故が起こると犯人探しをします。そしてミスや事故が起こった原因を個人（や企業）に負わせようとします。ミスや事故を犯しやすい人を排除すればミスや事故が防ぐことができると考えるわけです。しかし、この発想が間違っています。

法令違反を犯しやすい人や問題を起こしやすい人を採用しない、もしくは重点的に教育することで、たしかにリスクは低減できます。しかし、先ほどの「リスクは必ず顕在化する」という前提に立てば、100%防ぎきることは絶対にできません。

むしろ**「どんな人が担当しても法令違反やミスや問題が起こりづらい仕組み（業務体制）」**を構築することのほうがはるかに効果的であり、そこを放置して個人に問題をなすりつけているようでは責任あるリスク・マネジメントとはいえないのです。

この2つの考え方は、恥ずかしながらリスク・マネジメントの専門集団であるべき自衛隊でも徹底されているとは言えません。

私が呉地方総監になったときにもっとも驚いたのは、船の装備が故障した際の原因究明と再発防止策の追求が非常に甘いことでした。装備が壊れたら予備品と交換して終わり。本来であれば原因を究明してメーカー側に責任があるなら改善を促し、使用者側に責任があるなら再発防止策を考えるのがリスク対策でしょう。

それなのに「新品に交換すれば目の前の問題はとりあえず解決する」というその場しのぎの対処について誰も疑問を抱いていなかったのです。「過去はどうだったんだ?」と担当者に聞いても「統計がありません」と言い訳をしますし、「メーカーは何と言っている?」と尋ねても「問い合わせ中ですがまだ回答がありません」と責任逃れをします。

そこで私は口癖でもある「人は失敗するもの。物は壊れるもの」というフレーズを繰り返し説き、「失敗や故障はいつか必ず起こる。それは悪いことではなく、仕組みを再考する絶好のチャンスだ。言い逃れや責任のなすりつけをする暇（ひま）があったら再発防止策を考えなさい」と何度も伝えてきました。

結果的に私の言葉が一番響いたのはメーカーでした。彼らは瑕疵（かし）責任を問われることを避けるために装備担当を言いくるめて問題を有耶無耶（うやむや）にしてきたようです。そこに私が出てきて、「誰かを断罪するつもりはないし、その興味もない。目的は再発防止だけである」と明言したことで、ようやくメーカー側が重い腰を上げてくれました。いまでは海自、メーカーともに「事件事故が起こったら、まず『再発防止策』の検討」の意識がだいぶ強くなったようです。

図解 リスク・マネジメントの基本思考

基本は2つ！「リスクとは――」

必ず明らかになるもの
（顕在化）

さらに……

✓ **100%防ぐのは無理**
✓ **対策コストは有限**
（カネ、人、時間etc.）

・**まずはリスクを認める**
・**可能性と影響度を客観的に評価する**

仕組みで管理するもの

✓ **犯人探しは無意味**

・**誰が担当してもミスが起こりづらい仕組みをつくる**

リスクの定義と分類を考える

ここで改めてリスクとはなにかも整理しておきましょう。

リスク・マネジメントの国際的な規格であるISO31000では、リスクの定義を「目的に対する不確かさの影響」としています。企業の究極の目的は事業の継続ですから、事業の継続に負の影響を及ぼす可能性のあるすべての事象をリスクと呼んでいるわけです。不確かさを扱う以上、**未来を予測する推論力が肝**になります。

また、リスクと一概にいってもさまざまな種類があるため、リスク・マネジメントでよく使う2つの分類方法をここで紹介しておきます。情報を整理するときの参考にしてください。

ひとつはリスクの発生源が**組織の「内部」か「外部」か**という分け方です。

内部要因には財務リスク、コンプライアンスリスク、オペレーションリスク、戦略リスクなどが含まれます。これら内部要因に対しては、誰がそのリスクの担当者（リスク・オーナー）なのか、事前に明確化しておく必要があります。

外部要因に含まれるのは市場・社会の変化、災害、法規制の変化などのリスクです。こちらは縦割り組織では対処しきれないため、事業を継続させるための全社的な計画が必要となります。

もうひとつの分類方法は、**「現場が対処すべきリスク」か「経営者が対処すべきリスク」か**です。

現場が対処すべきリスクには自然災害やサイバーテロのような「ハザードリスク」のほか、社内不正や品質管理といった「コンプライアンスリスク」や「オペレーションリスク」が含まれます。

経営者が対処すべきリスクとは、為替変動や金利変動、投資のポートフォリオといった「財務リスク」のほか、新規事業立ち上げ、研究開発への投資、価格戦略といった「戦略リスク」が含まれます。

参謀としては自分が支えるリーダーがどんなリスクの担当者なのかによって扱うリ

スクも変わりますが、逆に戦略コンサルタント、財務コンサルタントといったように「この領域のリスク・マネジメントなら誰にも負けない」といった専門性を武器にするキャリアもありです。たとえば、自衛隊ＯＢのなかには防災計画に特化したコンサルタントとして自治体などと契約して活躍する人もいます。

リスク・マネジメントの手順

リスク・マネジメントの基礎知識を理解していただいたところで、いよいよＨＯＷの話に移ります。左ページに用意した図はＩＳＯを概念化したリスク・マネジメントのプロセスです。説明はこのあとしますが、言いたいことは2つです。

▼リスク・マネジメントの中核は「リスク・アセスメント」である

▼「対応したら終わり」ではなく、ＰＤＣＡ（ＯＯＤＡループ）を回す

※これはどんなリスクが対象でも言えることです。

図解 リスク・マネジメントの手順

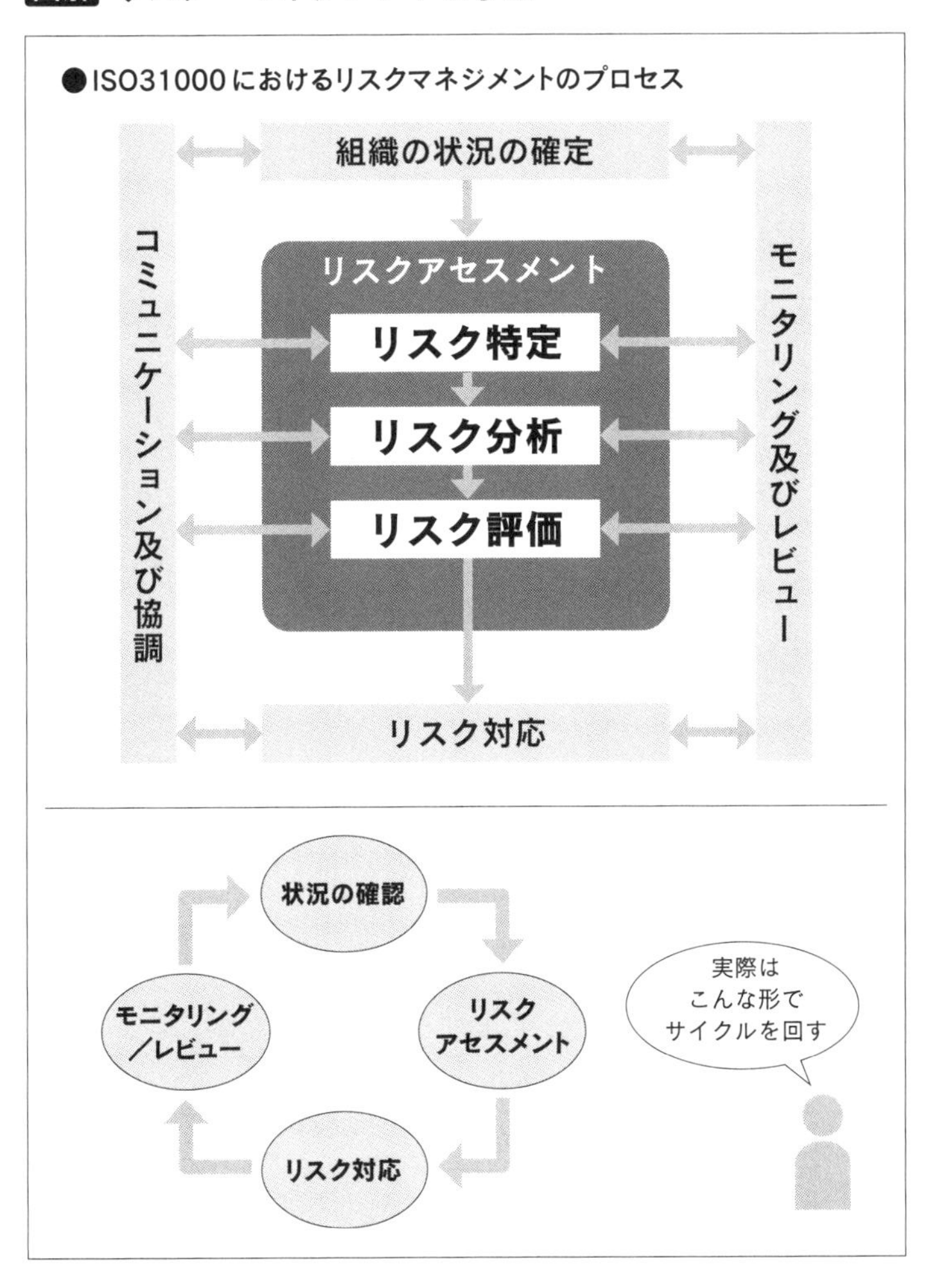

まず、図の中央上部にある**「組織の状況の確定」**が1サイクルのスタート地点だと思ってください。ここでいう「組織の状況」とは自社の組織図やリソースといった狭い話だけではなく、「自分たちはどこを目指しているのか」「どんな利害関係者がいるか」「その利害関係者はどんな状況にあるのか」といった広範囲な意味をもちます。

なぜそのプロセスが必要なのかというと、自分たちの状況を正しく把握していないとその次のステップで「自分たちの組織にとって、なにがリスクなのか？（リスクの特定）」を考えるときに抜けや漏れが発生する恐れがあるからです。

たとえば「ＩＴ人材が不足している」という状況がわかっていれば、「世の中が急激にＤＸにシフトする」という事象はリスクとして思い付きます。もしくは「生産拠点が中国に集中している」という状況を課題として認識していれば、「経済安全保障」が大きなリスクであることに気付くでしょう。自分たちの組織についていいことも悪いことも客観的に把握していることがリーダーや参謀にとっては不可欠なことなのです。

その次がリスクを特定（認識）し、分析し、評価を下す**リスク・アセスメント**。ここはとくに重要なポイントなので後ほど詳しく解説します。

そしてリスクを評価したら、優先順位をつけ、対応策を考え、実行に移します。
図の左側にある**「コミュニケーション及び協議」**とは、いま説明したあらゆるプロセスで、できるだけ幅広い意見を取り入れましょうという意味です。
逆に右側の**「モニタリング及びレビュー」**は、検討結果や実行結果が果たして正しかったのか必ず検証しましょうという意味です。
図では双方向の矢印だらけで流れが見づらいですが、実質的には「組織の状況の確定」→「リスク・アセスメント」→「リスク対応」→「モニタリング及びレビュー」→「組織の状況の確定」という形でＰＤＣＡサイクルがグルグル回っている状態をイメージしていただけるとわかりやすいと思います。

【リスク・アセスメント①】リスクを洗い出す

リスク・アセスメントで最初にやることはリスクを認識すること。つまり、考えうるリスクを徹底的に洗い出すことです。

リスクを洗い出すときのコツとして**「4つの『あ』の排除」**という考え方があります。以下、順にみていきましょう

▼「ありえない」を排除する

福島第一原子力発電所が想定していた津波の最大の高さは5・7メートルでした。そこに想定の3倍近い高さの波が襲い、電源喪失につながったのです。

東京電力は過去のデータから波の遡上高は最大15・7メートルに達する可能性があるという試算も行なっていましたが、対策は講じませんでした。「自分たちが生きている間には起こらないだろう」とでも思ったのでしょう。

「そんなミス(事故)、ありえない」とか「こんな事故は想定外だ」といったフレーズは組織のあらゆる階層で耳にします。しかし、トップニュースになるような企業の人的ミスなども原因を解剖していくと、実は**「ありうるミス」がたまたま複数重なって「ありえないこと」につながって**います。

このフェーズの目的はリスクを洗い出すことであり、選別することではないので、**どんな些細(ささい)なリスクでも無視することはNG。**漏れなく抜けなく洗い出しましょう。

▼「あってはならない」を排除する

これは完璧主義のリーダーが犯しがちなミスです。たとえば組織を挙げてリスク対応を考えているときに、リーダーが「そもそもこんなミス犯すバカいないでしょ。対策なんていらないよ」といった形でチームに圧力をかけるとなにが起こるでしょう？

リスク対応の検討ができないばかりか、事案が発生したときに現場レベルで隠蔽が起こり、それがさらに被害を大きくする可能性もあります。繰り返しますが、リスクは必ず顕在化します。

▼「当たり前」を排除する

「当たり前」という言葉は、その概念自体にリスクを含んでいます。なぜなら**人によって「当たり前」や「常識」といったものは違う**からです。

たとえば、自分の働いているフロアで火災が起こったら最初になにをすることが「当たり前」なのでしょうか？　初期消火、１１９番、非常ベル、避難、総務課に連絡など、人によって答えが違うはずです。リスク・マネジメントにおいて「当たり前」はタブー。**できる限り文章化・マニュアル化**をしましょう。

▼「曖昧さ」を排除する

リスクについて検討する会議に出ていると、ひたすら抽象的な話に終始する人がたまにいます。たとえば「マクロ経済の動きも注視しないとね」とだけ言って黙り込んでしまうような人です。

検討すべき「カテゴリー」を提示することは大事ですが、**リスクを洗い出すときは可能な限り具体で語るのが基本**です。リスクが曖昧では評価も対策もできません。

以上の「4つの『あ』の排除」を意識しながら、リスクをひたすら列挙していきます。ひとりの頭では想像力の限界があるので、積極的にインタビューやブレストを活用しましょう。ヒヤリハット報告などもリスクを洗い出すための有効な手段です。

【リスク・アセスメント②】

リスクの評価・分析

リスクが洗い出せたら、それぞれのリスクを評価（数値化）していきます。そのときによく使われる評価軸が**「発生頻度」**と**「影響度（損失のレベル）」**です。たとえば自然災害や戦争といったリスクは、発生頻度は低いですが起こったときの損失は甚大になります。

評価をする人によって値が大きくブレないように、「発生頻度」も「損失レベル」もあらかじめ評価基準を明記したものを用意します（リスク評価基準表）。

一例を挙げると、「1年に1回以上」起こるリスクなら発生頻度を最大の6にして、「50〜100年に1回」レベルなら発生頻度を最小の1にする、などです。「損失レベル」は会社が被る金銭的損害に換算するといいでしょう。

◎リスク・マップでリスクのレベルを見える化

それができたら「発生頻度」と「影響度」のタテヨコ2軸からなる表にすべてのリスクをプロットしていきます。ヨコ軸が発生頻度で、右にいくにつれ高頻度。タテ軸が影響度で、上にいくにつれ損失レベル大。これをリスク・マトリクス、あるいはリスク・マップと呼びます。

もしリスクの洗い出しをエクセルで行なっていれば、それぞれのリスクの横に「発生頻度」と「影響度」の値を入力していくことでこのマップは簡単につくることができます（章末のコラムをご参照ください）。

プロットされたリスクのなかで相対的に「大きなリスク」と考えられるのは、マップの右上にあるリスク（頻繁に起こるうえに損失レベルも大きいもの）です。逆に「小さなリスク」として考えられるのは左下にあるリスク（めったに起こらず、損失レベルも小さいもの）になります。

このようにすべてのリスクを1つの表で俯瞰できるため、リスク・マネジメントを統括するトップマネジメントおよびその参謀が、対応すべきリスクの選別や、リスク・オーナーの割り振りなどで役に立つツールです。

図解 リスク・アセスメントの方法

①4つの「あ」の排除で洗い出す

ありえない

× 「想定外」を想定しない
○ どんな小さなリスクも見落とさない

あってはならない

× 完璧主義な想定
○ ミスは必ず起こると想定する

当たり前

× 「常識」は人それぞれ
○ 文章化、マニュアル化する

曖昧さ

× 抽象的に話さない
○ できる限り具体的に話す

②「2つの軸」でマッピングする

STEP1 発生頻度と損失レベルを評価軸にする

STEP2 客観的な評価基準を設定する

STEP3 リスク・マップで比較する

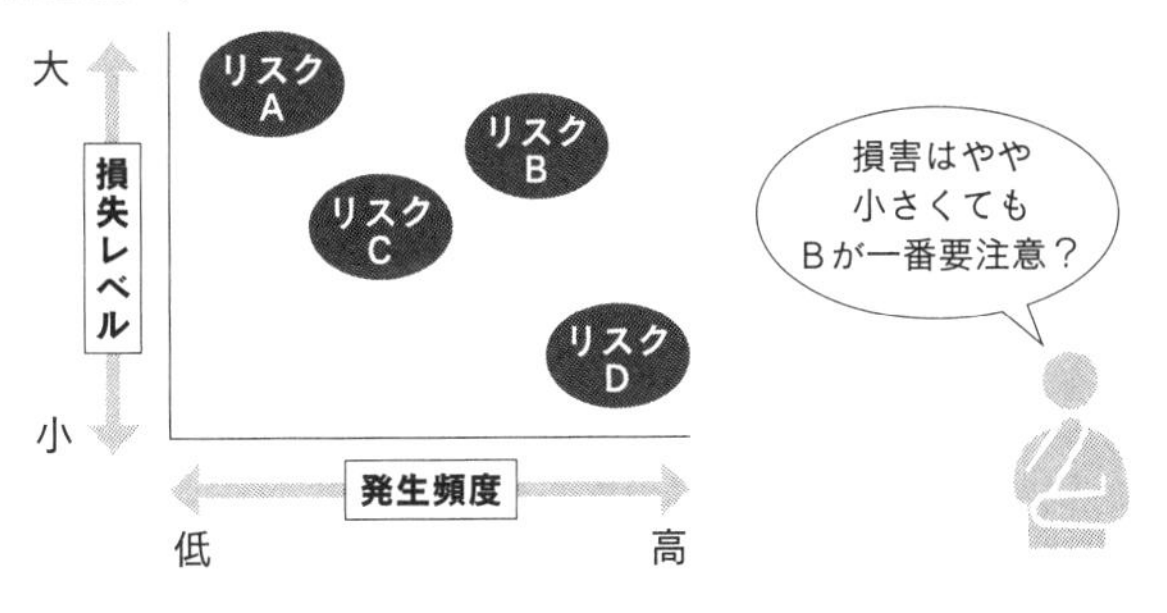

リスク対応には4種類ある

リスク・アセスメントが終わったら、それぞれのリスクに対して具体的な対応策を検討していきます。対応策は次の4種類に分けられます。

▼リスクを**回避**する
▼リスクを**低減**する
▼リスクを**移転**する
▼リスクを**保持**する

「回避」とは文字通り、リスク自体を回避すること。そのために**事業そのものを行なわないことを選択する**というものです。たとえば、いま日本では高齢者が自主的に運転免許を返上する動きが広がっています。これは、車を運転しないことを選択し、運転に伴う事故のリスクをゼロにする（回避する）ということです。企業で雲行きの怪しい新規プロジェクトを中止するような決断もリスク回避に該当します。

「低減」とはリスクは覚悟したうえで、**起こる頻度および生じるかもしれない損害レベルを、できるだけ抑える努力をする**ことです。たとえば必ずシートベルトをする、万が一のときのためにドライブレコーダーを設置する、自動車学校に再度通い正しい運転方法を身に付けるといった、事前にできるさまざま安全努力により、リスクを低減しようとすることです。

企業でいえば、新規プロジェクト立ち上げの際にいきなり大きなチームをつくらず、マイルストーンを達成するたびにヒトとカネを増やしていくようなやり方はリスク低減策の一種です。

「移転」とは自分が背負っている**リスクを他者に背負ってもらうこと**。つまり、保険のことです。交通事故で被る物理的損失は移転できないものの、経済的損失は保険会社に掛け金を支払うことでかなりのリスクを移転できます。

最後の「保持」とは予見できる**リスクをそのまま受け入れること**です。しっかりとリスクを評価したうえで、「これくらいの損害なら自社で賄える」のでリスクを保持するといった判断を下すこともリスク対応策のひとつです。

実際に対応策を考えていく思考プロセスは次のようになります。

①**回避すべき**（**事業をやめる**）**か否かを決める**

▼回避するなら回避後の別の策を考える

▼回避しないなら②へ

②**次のいずれかのリスク対応を選択する**

▼コントロール可能ならリスクコントロール（発生頻度と損失の低減）を考える

▼コントロール不可能ならリスクファイナンシング（リスクの移転、損失の保有）を考える

▼リスクの保有を考える

4つの対応策のうち、「回避」「移転」「保持」に関しては基本的にリーダーが方向性

図解 リスク対応の４分類

を決めれば議論が終わりやすい話です。しかし、唯一「低減」に関しては、「どうやって発生頻度を減らすのか」、「どれくらいの損害レベルまで減らせそうなのか」など、まだまだ考えることが山積みです。そのためリスク・マネジメントにおいて参謀が活動しなければならない対処とは、**具体的な「頻度と損失の低減策」を考えることが中心**になります。

したがって、大規模な天災や戦争、テロのような甚大な被害の出る状況が起こる危機管理こそ参謀の出番ということができるのです。

ＢＣＰ（事業継続計画）とはなにか

東日本大震災を機に多くの企業で重視されるようになったＢＣＰ（事業継続計画）をご存じでしょうか？　参謀としてリスク・マネジメントを扱う場合、ＢＣＰの策定に関わる可能性も高いので、ここで大事なポイントをいつか説明しておきます。

ＢＣＰとは簡単にいえば、緊急事態が発生して本業に大きな損害が出た際、会社を潰さず、早期に復旧するための計画です。具体的には「いかにコア事業を継続させるか」と「いかに最短で復旧するか」の手順をまとめたものです。

リスク・マネジメントにおけるBCPの位置付けを理解するために、一度、話を整理します。リスク・マネジメントには「回避」「保有」「移転」「低減」の4つの対応策があると言いました。その「低減策」のなかで、とくに影響度の大きいリスクを扱うものが**危機管理（クライシス・マネジメント）**です。

そして、危機管理も「事前対策」

図解 クライシス・マネジメント

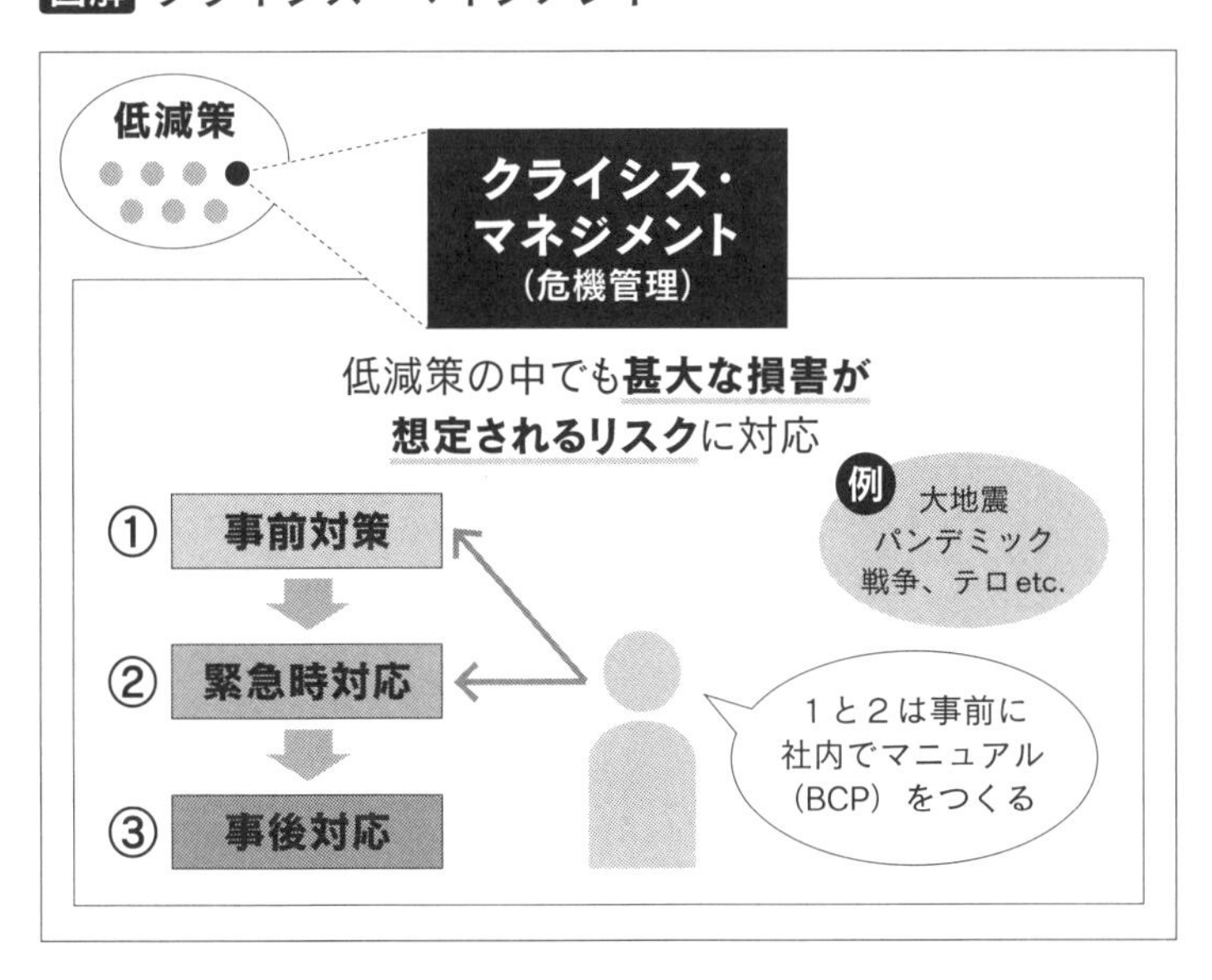

「緊急時対応」「事後対応」という時系列で分けることができ、このうち「事前対策」と「緊急時対応」はリスクが顕在化する前に事前に決めておくべきことです。

この「事前に決めておくべきこと」は社内でマニュアル化すべきものであり、そのマニュアルをＢＣＰといいます。

ＢＣＰでとくに重要なポイントは、**緊急時においてはすべての事業を継続させることは目的ではなくなる**ということです。逆にいうと、どの事業を優先的に継続させるべきかは事前に決めておく必要があります（リーダーが決断する）。

たとえば、通信事業者なら端末の販売などは後回しで通信環境を維持することが優先されるでしょうし、もし、パンの製造業であれば被害にあっていないサプライチェーンを駆使して、食パンだけは製造と流通を続けるといった具合です。

２０１６年４月に熊本地震が起こったとき、その５日後には大手コンビニチェーンの97％が営業を再開したそうですが、これも事前に本部でＢＣＰを立案していたからこそできることです。

想定できる条件は無限大なので、すべてカバーすることはできません。しかし、余裕のある平時のうちから、自社のコアビジネスを選択し、サプライチェーンなどを分散できるところから、随時ＢＣＰを練っていくことが大事です（たとえば「首都直下地震」「本社機能喪失」「サイバーテロによるシステムの全面ダウン」など）。

軍事組織が「図上演習」にこだわる理由

危機管理における参謀の重要な役割は「事前に備えること」だといいました。しっかり考え抜かれた計画があり、パニックになりやすい場面で誰がなにをすべきか明記された文章があれば、いざというときの混乱を防ぐことができます。

しかし、計画は計画にすぎません。想定シナリオは想定にすぎません。どれだけ作りこまれた作戦計画（やＢＣＰ）でも、現実が計画通りに進むことはまずありません。

そこで危機管理において「事前準備（プラン）」と同じくらい重要になるのが、**「適時判断（プランニング）」**する能力です。

刻々と変わる状況のなかでいかに情報を集め最適な判断を下すか。軍隊とくに現場レベルの参謀たちの適時判断する能力は死活問題にかかわるので、自衛隊では「計画通りの実働演習」とともに、「適時判断するための訓練」として図上演習を行なうのです。

「通常演習」は部隊全体で行なうものですが「図上演習」に参加するのは幹部だけ。ある意味、頭の体操ですから、いかようにでも設定を変えられる特徴があります。

民間レベルでこうした適時判断の訓練をさせる研修はあまり聞いたことがありません。たとえば避難訓練と呼ばれるもののほとんどはシナリオが決まっていて、全員、言われるがまま広場に集合して終わりです。

しかし、実際に地震や火災が起こったときには、その避難ルートが通れない可能性もあるわけで、全体に指示を出す本部にもすべての情報が集まるとも限りません（そもそも本部が機能する保証もありません）。

たとえば、株主総会を行なう前にこの図上演習を行なってみると、計画に漏れが亡くなるとともに、不測の事態への対応準備ができるようになります。具体的には、参加者に社長、取締役、総務部長、株主などの役を割り振って、総会の流れをシミュレーションします。

その際には、想定としてさまざまなトラブルを与えてみるのです。図上演習は平常時ですから落ち着いて対応策を考えることができ、本番でそれに近い不測の事態が起こっても、慌てなくなるのです。

したがって、本気で危機管理に力を入れるならBCPだけで満足せず、少なくとも現場のリーダーやスタッフになるべき人たちには、適時判断の訓練を定期的にすべきではないかと思っています。

自律自走型組織に不可欠なOODA（ウーダ）ループ

日本の企業の役員クラスは嫌う人が多いのですが、次ページに挙げた「4つの要件」がそろった場合は、「独断専行」をしなければならないと軍事組織では教えています。

【独断専行の要件】

①日ごろから上級指揮官と十分な意思疎通があり、上官の意図に沿った意思決定ができる

②緊急事態であり、受けていた命令がいまの現場では明らかに不合理だが、上級指揮官の判断を仰ぐ暇がない

③可能な限り速やかに事後報告をする

④恣意的ではなく、結果について全責任を自ら取る

とくに①の「日ごろから上司と十分な意思疎通がある」そして「上司の意図に沿った意思決定ができる」という2つにすべてがかかっていると言っていいでしょう。まさに第3章で述べた「ＷＨＡＴとＨＯＷのキャッチボール」が頻繁に行なわれていれば、独断専行は可能だということです。わかりやすくいえば、

上司「彼（＝部下）はいつも〇〇と考えるから、ここは任せて大丈夫だ」

部下「大丈夫。あの人（＝上司）はきっとこう考えるに違いない」

こういう信頼関係があればこそできる行動が独断専行なのです。またこの関係があってはじめて現場における「適時判断」が奨励されるのです。

これとは逆に①の要件がないのに、現場や部下が勝手な考えで進めることは、単なる「独走」や「暴走」にほかならず、正しい独断専行ではないのです。


ビジネスの世界でよくいわれる「OODA(ウーダ)ループ」は、この「独断専行」や「適時判断」のフレームワークといっていいでしょう。

OODAループは元米空軍のパイロットだったジョン・ボイド大佐が自身の朝鮮戦争での戦闘体験を元にまとめた意思決定理論で、Observe（観察）、Orient（適応）、Decide（決定）、Act（行動）の頭文字をとったものです。

OODAループの要点は3行でまとめられます。

▼観察にこだわれ
▼仮説ベースですぐ動け
▼使命を忘れるな

つまり、自分に課せられた使命をちゃんと意識できていれば、あとはひたすら周囲の状況を観察しながらトライ&エラーでガンガン前に進めばいいということです。パイロットの意思決定だけではなく、あらゆる軍事行動に有効だと評価を得て、いまでは多くの国の軍隊でOODAループを導入しています。

ひと言でいえば、作戦計画という大本のプランはあるけれども、それは叩き台にすぎず、**情勢に合わせて作戦をどんどん変えなさい**ということです。ただし、現場が好き勝手に動くと組織として目標を達成できないため、**全体の使命だけは忘れるな**と言っているわけです。

第2章で紹介した海上自衛隊の作戦計画の立て方の手順で、5番目のプロセスとして「連続情勢判断」というものがありました（73ページ参照）。このときは説明を省略しましたが、まさにこれが高速PDCAあるいは、OODAループに該当することです。海上自衛隊や航空自衛隊は基本的にOODAループで動いており、陸上自衛隊もOODAループに倣って、OOをInformationの「I」に変えた、IDA（Information, Decide, Action）サイクルという独自の概念を導入しています。

◎初動体制を固めたらOODAで高速回転

OODAループは自律自走型組織や分散型組織の動力源のようなもので、ロシアとウクライナの戦争をみていてもそれは顕著です。

ウクライナ軍は現場指揮官が独自の判断で臨機応変に戦う一方、中央主権的な組織であるロシア軍は肝心の中央から指示を出す司令官が当初いなかったうえに、現場でOODAループを回すという概念がなく、前線は大混乱したのです。

OODAループは危機管理だけではなくビジネスにおいても有効で、この概念にすぐ飛びついたのがシリコンバレーです。完成形を敢えて決めずにスピード重視でサービス開発をするアジャイル開発も、消費者行動の観察とプロトタイピングで商品を洗練させていくデザイン思考も、ベースはOODAループです。

ちなみにOODAループを語るときに、

「PDCAはもう古い。これからはOODAループだ」

といった言い回しをたまに耳にしますが、ＰＤＣＡとＯＯＤＡは実質的に同じです。先ほども書いたように、ＰＤＣＡを高速で回す（＝プランに時間をかけすぎずかつ改善サイクルが短い）ものがＯＯＤＡループといってもよいのです。プランに時間をかけすぎるのは問題ですが、そうかといってプランなしでＯＯＤＡループを回そうとすると初動がバラバラになりうまく機能しません。

ですからＢＣＰに話を戻すと、計画として時間をかけてしっかり決めておきたいのは、誰が意思決定者で、情報はどう共有するかといったことを明記した初動体制なのです。

Column

リスク・マップをエクセルで作る方法

本文で触れた、エクセルでリスク・マップを簡単につくる方法を紹介しておきます。

①エクセルの見出しを「リスク」「発生頻度」「影響度」とし、データを入力します。「発生頻度」と「影響度」のデータを、見出しを含め、すべて選択します

②「ホーム」→「データ分析」→「グラフの挿入」を選ぶか、「右クリック」→「クイック分析」→「グラフ」→「散布図」を選びます

③プロットされた点のひとつをシングルクリックし、全ての点を選択状態にしたら、「右クリック」→「データラベルの追加」を選択

④追加されたデータラベル（この時点では影響度の値）のひとつをシングルクリックし、

全てのデータラベルを選択状態にしたら、「右クリック」→「データラベルの書式設定」を選択

⑤「ラベルオプション」→「ラベルの値」で、「セルの値」にチェックを入れます

⑥「データラベル範囲」の入力を求められるので、「リスク」のデータ部分をすべて選択し、ＯＫを押します。「Ｙ値」のチェックを外します

第6章
正しい参謀がよきリーダーになる

正しいフォロワーこそよきリーダーになる

これまで参謀、つまりフォロワーとしてのありようについて述べてきました。しかし、日本の会社の場合、30代にもなると、おのずと管理職に就くことになり、その多くはプレイングマネージャー、つまりフォロワー兼リーダーとして働くことが必要となります。

その場合、「フォロワーシップとともにリーダーシップの発揮」も求められるようになります。したがって、本章では改めて「リーダーシップ」について述べてみたいと思います。

軍事組織は、まず正しいフォロワーシップを身に付け、それはそのまま**リーダーシップの涵養になる**との考え方があります。自衛隊には「自衛官の心がまえ」という勤務の参考書というものがあり、

一　使命の自覚
二　個人の充実
三　責任の遂行
四　規律の厳守
五　団結の強化

の五点の重視がうたわれています。そのなかの「規律の厳守」の項目で、第1章で述べた**「理性ある服従」**ついての記述があり、「よい命令をするものは必ずよい服従をする者である」と解説しています。

つまり、正しいフォロワーシップを身に付けてこそ、よいリーダーになると説いているのです。考えてみれば、それまで自分で考えることをせず、上司から言われことしかやらなかった「イエスマン」が、「今日からリーダーになれ」といわれても、正しい命令を下す以前に、そもそもリーダーとしてどう振舞えばよいかわかるはずがないのです。

◎リーダーシップ論の変遷

リーダーのありよう、つまりリーダーシップについては昔から世界中で研究が行なわれてきました。筆者が教授を務めている金沢工業大学大学院（虎ノ門キャンパス）では、心理学者である岡田昌毅（まさき）先生（現在は交代）が「リーダーシップ要論」の講座で、リーダーシップ論の変遷について教育されていました。それによると歴史は次の通りです。

▼1970年代まで

特性アプローチ（優れたリーダーの特性を研究。フォロワーは登場しない）
行動アプローチ（リーダーがフォロワーを動かすから、そのリーダー行動を研究）
状況アプローチ（フォロワーの状況によってリーダーのありようは違うとして研究）
相互影響アプローチ（リーダー、フォロワー相互の認知に着目した研究）

▼１９８０年代以降

変革型リーダーシップ（リーダーは組織のルールを超えてフォロワーを動かす）

サーバントリーダーシップ（リーダーはフォロワーを支援する）

自己変革リーダーシップ（正しいフォロワーがリーダーになる「フォロワーシップ」）

本章では、状況アプローチのひとつである、ＳＬ（Situational Leadership）理論と状況即応理論、そしてサーバントリーダーシップについて解説します。

マネジメントとリーダーシップの違いはなにか？

さてここで、リーダーシップとはそもそも何なのか、ということを考えておきましょう。リーダーシップにはさまざまな定義があり、「結局よくわからない」という方も少なくないでしょう。私は、コッターによるマネジメントとリーダーシップの定義が一番理解しやすいと考えていますので、これをご紹介することにいたします。

▼マネジメント
ルールや制度といった組織運営に関する規則を組織構成員に適用することによって集団の動きをコントロールする方法論
▼リーダーシップ
メンバーが自発的にリーダーに従おうと思う気持ちを原動力として集団を動かしていく方法論

これを日本の武家社会や帝国陸海軍に当てはめると、マネジメントは**「指揮」**、リーダーシップは**「統率」**という日本語にそれぞれ置き換えることができます。

辞書を引くと「指揮」は「さしずすること。下知（げじ）」（広辞苑）とあります。自衛隊では「法令等の権限に基づき、全体の行動の統一のため命令して人を動かすこと」とより厳密に規定しています。いわばオーケストラの指揮者のように、決められた譜面通りに演奏すべく各演奏者たちを調整していく力のことで、その目的は「効率的な組織運営」です。

一方「統率」は「多くの人をまとめて率いること」（広辞苑）で、自衛隊では「人格等の無形の力により、率い統べること」を指します。どんな状況に置かれても構成員の能力を引き出し、使命を遂行するために組織を率いていく力といえるでしょう。そして「統率」の目的はルールや規則がない、あるいはこれまでの方法では組織が成長しない場合の**「変革の推進」**です。

◎日本企業では「統率」を発揮する機会は少ない

高度に発達した状態にある日本企業には、すでにさまざまなルール・規則・組織風土がありますから、管理職を務める人たちにとっては、部下との関係は指揮関係、つまり「マネジメント」の関係にほかならず、「統率」、すなわち「リーダーシップ」を発揮する機会は少ないというのが事実なのです。

災害などの想定外の事件が起こった場合にこそ、本当の意味でのリーダーシップを発揮するべきであり、それ以外の場面では基本的にはルールがありますから、部下がそれを腹落ちしていればよいのです。

ところが多くの企業では、日常業務の遂行がほとんどなのに、「管理職になったら率先垂範(せんすいはん)してリーダーシップを発揮しなさい」といわれているのではないでしょうか？

そのため、多くの管理職が「部下のモチベーションを上げることに必死」になりすぎ、その結果「モチベーションを与えられないと頑張れない」社員を生み出すという逆効果が生じていると、組織コンサルティングの専門家で、一時期テレビCMでも話題になった「識学」の安藤広大(こうだい)氏は指摘されています。

また、逆に「俺が○○やれといっても、まったく言うことを聞かない」「かといってあまり強く言うとパワハラと言われてしまう」と悩んでおられる社長にもよく出会います。これは、新たに上から与えるルールが、下からみるとまったく腹落ちしない内容だからでしょう。であるなら部下たちにビジョンを与えて、具体策はつくらせるというマネジメントをすればよいでしょう。

マネジメントとリーダーシップを使い分ける（SL理論）

このように、リーダーシップとマネジメントの度合いや形態を使い分けるうえで、ひとつの目安として私が参考にしてきたのがケネス・ブランチャートとポール・ハーシーが提唱した**シチュエーショナル・リーダーシップ理論**（以下、ＳＬ理論）です。部下の発達度が上がるにつれて、次のように、指示と支援の割合を変えることを提唱しています。

▼**Ｓ１**：指示多め、支援少なめの「**指示型**」
具体的に指示し、教えてやらせる

▼**Ｓ２**：指示多め、支援多めの「**コーチ型**」
考え方を説明し、考える機会を与え、疑問に応える

▼**Ｓ３**：指示少なめ、支援多めの「**援助型**」
方向性だけ示し、自分で決めさせる

▼**Ｓ４**：指示少なめ、支援少なめの「**委任型**」
方策策定も委任し、責任も委ねる

「S」とは部下のいるステージのことです。自分がはじめて就職してからいままでの成長をイメージすれば、このSL理論は納得感があるはずです。

さすがに新入社員に対して、「任せるから好きにやって！」とは言いませんよね。まずは座学などで教育をして、知識を学んでもらうはずです（S1）。そして、最低限の知識が身に付いたら、なるべく自分で考えさせるように導き、質問に答えるようにします（S2）。

そして、これが自発的にできるようになったら、指示を少なめにして試行錯誤させます（S3）。最後は、権限と責任を与え、多くを委任するということです（S4）。

多くのベンチャー企業の社長が、自社の社員をS2からS3にレベルアップすることに苦労されていて、なかには**「S3の壁」**と呼ぶ人もいます。これはなぜでしょうか？　そもそもベンチャー企業を立ち上げたトップは、「○○すれば勝てる」という法則をみつけたからこそ、起業に成功した方々です。そのため部下に対して「いいから俺の言う通りやれ」というマネジメントになりがちで、その結果、多くの部下がイエスマンになってしまうのです。つまり、残念ながらこの本で伝えてきた参謀や正しいフォロワーシップを発揮する部下が育たないのです。

図解 SL理論に準じたリーダーのあり方

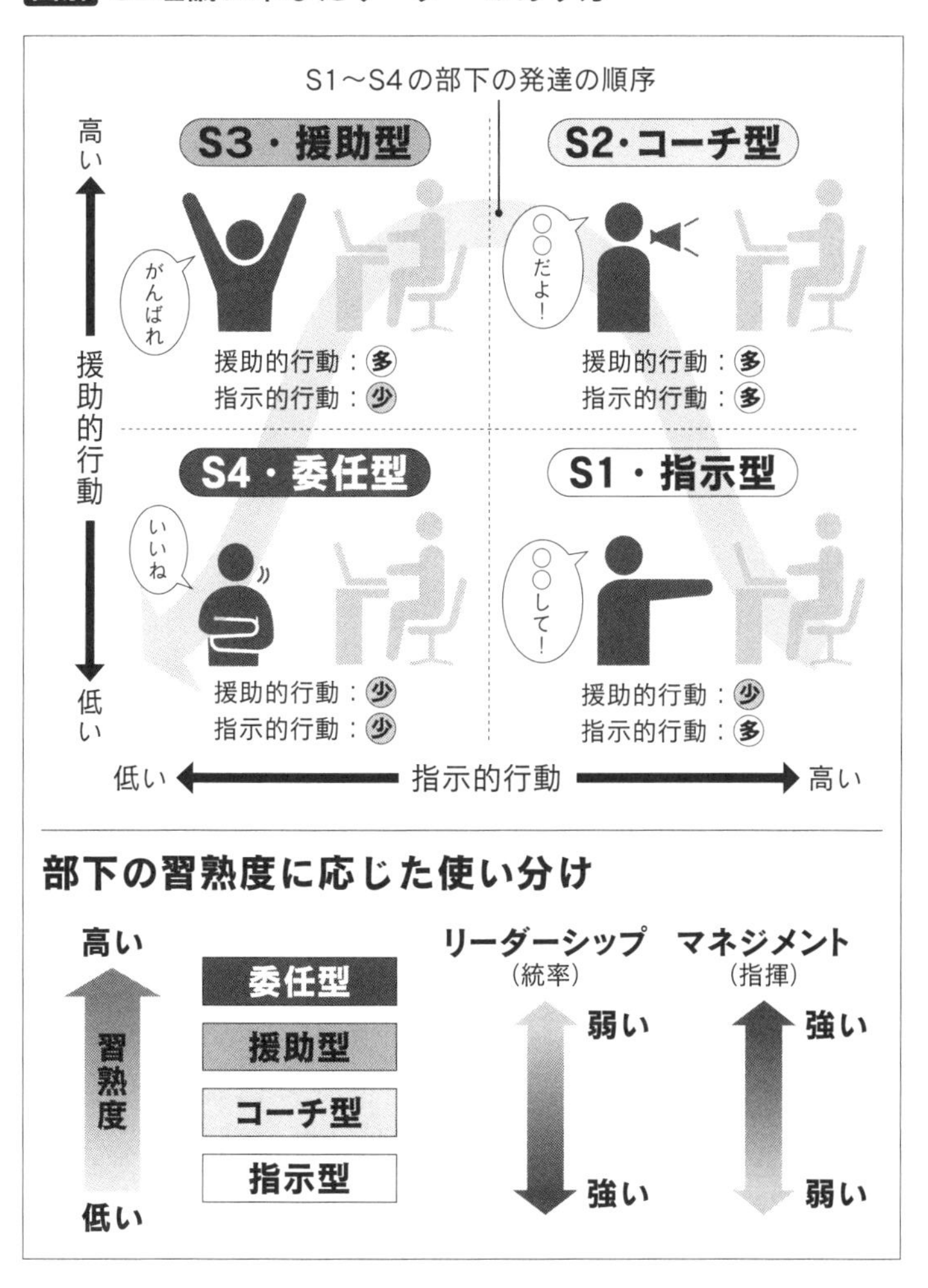

まさに権威権力で「ルール通りやれ」と押し付けるのですから、部下はマニュアルどおりに仕事をするバイトのような扱いです。そう考えると、「ワンマン社長」や「専制型リーダーシップ」と呼ばれるものは、**高圧的なマネジメントをしているだけでまったくリーダーシップを発揮していない**ということに改めて気づきます。

部下の発達ステージを捉える

では、部下がＳ１～Ｓ４のどのステージにいるかをどうやって把握したらよいのでしょうか？

部下の発達段階を把握する際は、ハーバード大学教育大学院のロバート・キーガン博士が提唱した**「成人発達理論」**を私はおすすめします。これは人間の成長を5段階の発達ステージに分類したものですが、成人の場合、ステージ2～4が該当します。部下がどの段階にあるのかを冷静に考えることができる手段のひとつです。

ステージ1：具体的思考段階
ステージ2：利己的段階
ステージ3：慣習的段階
ステージ4：自己主導段階
ステージ5：自己変容・相互発達段階

ステージ1の「具体的思考段階」は言葉を覚えはじめた子どもに該当するため、成人には該当しません。

ステージ2の「利己的段階」は、成人としてもっとも未熟な状態。利己的という言葉から想像できる通り、**何事も自分優先で、他人の感情を考えない人**です。成人の10%が該当するといわれています。

どんな組織でもエリート意識や特権意識がやたらと強く、自分が一番正しいと勘違いしている若手がいるでしょう。彼らはまさにステージ2。社会や組織に揉まれることで、このステージを卒業していきます。これはまさにSL理論におけるS1の部下でしょう。

ステージ3の「慣習的段階」は、他人のことが意識できるようになるものの、自ら意思決定をせず、組織の決定やルール、価値観に従順に従って動く人たちのことです。

本書で再三問題視している、**言われたことしかできない人や、慣習や常識といった自分が踏襲してきたものに対して疑問をもてない人**が該当します。キーガン博士の調査では成人の70％がこのステージにあたるそうですが、日本だけで調査をすればその割合はさらに高くなるはずです。

言い変えれば、このステージの人たちは空気を読んだり、忖度（そんたく）だけはできる人たちなので、日本ではステージ3のまま出世することは珍しくありませんので注意が必要です。Ｓ１もしくはＳ２に該当するでしょう。

ステージ4の「自己主導段階」は、**主体的に意思決定と実行ができ、成長意欲も高い自立した人**たちです。誰に言われるまでもなく所属する組織をよりよくするためのアイデアを着想でき、その組織が自分の成長にブレーキをかけると判断したら組織を飛び出す潔さももっています。こちらは成人の20％が該当します。

ここまでくれば、いわば「プロフェッショナル」のレベルで、自分なりのこだわりと責任感を持って職務を遂行できます。Ｓ３もしくはＳ４に該当するでしょう。

図解 成人発達理論とSL理論の対応

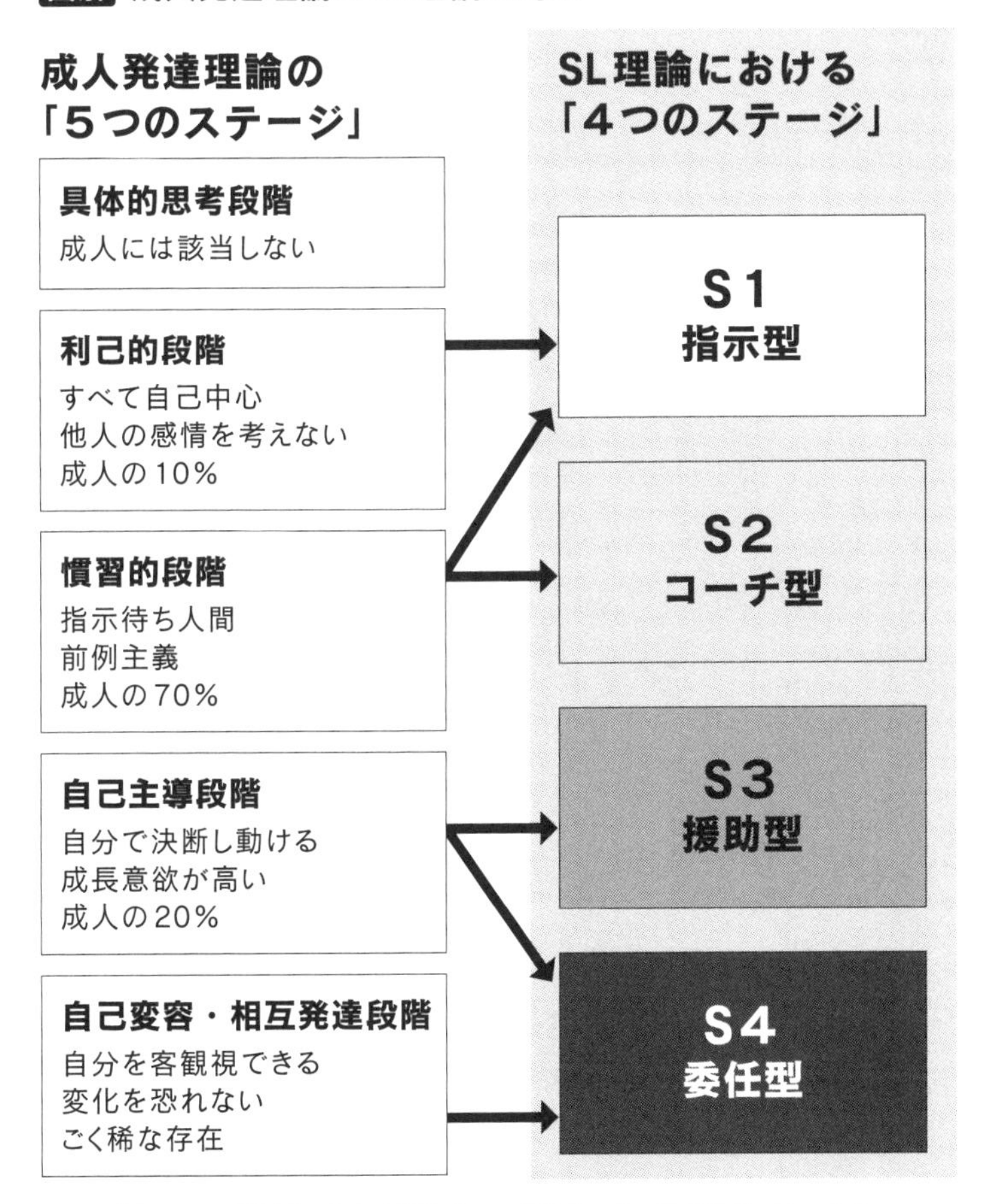

最後はステージ5の「自己変容・相互発達段階」です。こちらは本当にごくひと握りの人が到達できるステージで、世の中で有名な超一流経営者などが該当します。その最大の特徴は**自分のことを俯瞰することができ、周囲から貪欲に学び、なんの躊躇もなく自分を変えていくことができる人**です。当然、主体的な意思決定もできますが、ひとつのやり方にこだわるわけはありません。S4に該当します。

◎成人発達理論のメリットと活用法

見ておわかりのように成人発達理論は非常にざっくりとした分類法であり、そもそも誰がどのステージにいるか厳格に判断できるものでもありません。しかし、SL理論のどのレベルにあるかを把握する参考にはなります。また、部下指導をするうえでの注意事項として知っておくと重宝します。

たとえば、ステージ2の若手がいたとします。ポテンシャルは高そうなのに、高いプライドが邪魔している。そんな若手に対しては、いきなりそのプライドをへし折るのではなく、

「君の主張には一理ある。しかし、もし自分がそれをされたらどう感じるかな？」

といった問いかけを使いながら、他者との関係性のなかで自分は存在しているという事実に少しずつ気付かせてみてはどうでしょう。

逆にもし、自分の意見をもつようになったものの、まだ自信がもてない部下がいたら、「この子はステージ3の初期かな」と想像して、

「その着眼点は面白いね。ヒントになったよ。ありがとう」

といった具合に、できるだけその意見を否定せず、自信をつけてもらうといいかもしれません。

あるいは、頼りになるステージ4の右腕がいて、いずれ組織のリーダーを担ってほしいなら、リーダー自ら率先して鍛錬や勉強を続ける様子をみせるなどして、絶えず自分をアップデートしていく重要性を教えてあげるといいでしょう。

また、この理論を知ることで得られる大きな副産物がひとつあります。それは部下に対して過度の期待をしなくなることです。日本社会における役職は、年功序列のため、実際の成長段階とはまったく連動していません。

実際にこの理論を学ぶまで、私は自衛隊の上司や部下に対して、すべて階級で評価

を下しがちで、イライラすることがありました。「課長のくせになぜわからないんだ」「部長にもなってこの程度か」という具合でした。そんなときにこの理論を知り、「彼は部長だけど、ステージ3なんだ」とステージ4のレベルを期待しなくなり、冷静な目で見られるようになったのです。

子育ての世界でも、どんな子育てをするかを考える前に親自身が整った状態（安定した心理状態）になることが先決だといわれます。それと同じでリーダーのストレスが減ると、部下が受けるストレスが減り、それが心理的安全性の確保や仕事に対する前向きな姿勢、自己肯定感の育成などにつながるのです。

◎参謀がリーダーになって犯しやすい3つのミス

一流の参謀は「頭脳」という最強の武器を持っています。上司を補佐する立場の際は、かなりの強みを発揮していたのですから、当然一流のリーダーになることは十分可能だと考えています。しかし、こういった参謀タイプの社員がリーダーになったときに犯しがちな失敗は、次の3つです。

▼自分の能力が高すぎるあまり同じレベルを部下に要求しがち（↓部下が疲弊する）
▼自力で這い上がった分、部下を育てる意識が低くなりがち（↓育成にムラが出る）
▼合理的に考えすぎるあまり、人の感情を軽視しがち（↓組織内で孤立する）

このうち、3つ目は第4章で説明した通りです。

1つ目と2つ目は、改めてよく考えるべきでしょう。どれだけ頭脳明晰でも組織はひとりで動かすものではありません。部下に冷たい態度で接するなど、他者の感情を平気で傷つけたり、わざわざ敵をつくるような人は、どこかで足を引っ張られます。そもそも部下たちが付いてこないでしょう。この時点で、自分のリーダーシップやマネジメントが間違っていることを自覚しましょう。

VUCAの時代（第1章46ページ参照）を乗り切るには、組織構成員の潜在能力を引出し、活用することが不可欠です。それができる組織としては、自律自走型を目指す必要があり、求められるリーダーは、多様な人材を包み込むような存在になる必要があるのです。

人情派か？　成果主義派か？（状況即応理論）

リーダーの分類の仕方には人情派か成果主義派か、という分け方もあります。ここでそのテストを受けてもらいましょう（いま現在、あなたがリーダーではなくても判定できます）。

▼これまで一緒に働いたことがある人で、もっとも仕事がやりづらかった人をひとり、具体的に思い浮かべてください（好き嫌いというより、もう一緒に仕事をしたくないと感じた人です）。

▼以下に、正反対の形容詞がセットになった項目が18個並んでいます。それぞれの項目で、思い浮かべた人が該当すると思われる点数（a～hの順でそれぞれ8～1点に相当）を付けてください。

▼最後に18項目すべての点数を合算してください。

	非常に…	かなり…	やや…	どちらかといえば…	どちらかといえば…	やや…	かなり…	非常に…	
愉快な	a	b	c	d	e	f	g	h	不愉快な
親しみやすい	a	b	c	d	e	f	g	h	親しみにくい
こばむ	a	b	c	d	e	f	g	h	受け入れる
つまずかせる	a	b	c	d	e	f	g	h	助けてくれる
冷やか	a	b	c	d	e	f	g	h	熱心
緊張している	a	b	c	d	e	f	g	h	ゆったりしている
離れた	a	b	c	d	e	f	g	h	身近な
冷たい	a	b	c	d	e	f	g	h	暖かい
協力的	a	b	c	d	e	f	g	h	非協力的
支持的	a	b	c	d	e	f	g	h	敵対的
つまらない	a	b	c	d	e	f	g	h	おもしろい
非協調的	a	b	c	d	e	f	g	h	協調的
自信に満ちた	a	b	c	d	e	f	g	h	ためらいがち
能率的	a	b	c	d	e	f	g	h	非能率的
陰気な	a	b	c	d	e	f	g	h	陽気な
打ち明けた	a	b	c	d	e	f	g	h	用心深い

【引用元】
「成功-失敗条件およびリーダーのLPC得点が集団過程におよぼす効果」
吉田道雄（九州大学）、白樫三四郎（西南大学）
『実験社会心理学研究第　13巻1号』（1973年）

いかがだったでしょうか。

このテストは**LPC尺度テスト**と言います。LPCとは**Least Preferred Co-Worker**の略で、「もっとも苦手な上司・同僚をどれだけ高く評価しているか」を数値化することができます。18項目を合算した値が大きいほど高く評価している、つまり**「他人のいいところを見出す傾向が高い」**といえます。

このLPC尺度を基準にリーダーのタイプに分類すると、だいたいの目安として、50点に満たない人は**「成果重視型**（低LPC）**」**、50点を超える人は**「人格重視型**（高LPC）**」**のリーダーに分類できます。ちなみに大学院の授業でテストをしてもらうと毎回、面白いようにクラスが半分に分かれます。

◎組織の成熟度でリーダーシップを使い分ける

このテストで面白いのは「てっきり自分は逆かと思った」という人が少なくないことです。実は私もそのひとりで、てっきり人格重視型かと思いこんでいたら結果は成果重視型でした。

思い返せば、真面目に取り組んでいるのに成果が出せない部下は根気強く育ててきた一方で、能力が低いうえにやる気もない部下に対しては、ときに切り捨てるような態度をとってきたので、そこがテスト結果に反映したのかもしれません。

ＬＰＣテストを考案したのは社会心理学者のフィードラー博士で、「**状況即応理論**（別名、ＬＰＣ理論）」と呼ばれる、先ほどのＳＬ理論に少し似たリーダーシップ論を提唱しています。ＳＬ理論では個人の発達度を基準にしていましたが、状況即応理論では**組織の成熟度を基準にリーダーシップを使い分ける**ことを提唱しています。

フィードラー博士曰く、組織のコントロール状態が非常に低いとき（例：まだ組織として形になっていないスタートアップなど）、もしくは逆に高いとき（例：規律のある軍事組織など）では、成果重視型（低ＬＰＣ）のリーダーが統率すると成果を出しやすいとしています。

そして組織のコントロール状態が中間のとき（例：民間企業など）では、人格重視型（高ＬＰＣ）のリーダーが統率すると成果が出しやすいと結論づけました。

この状況即応理論は組織づくりをするときに重宝する考え方で、たとえば組織にとっては人格重視型のリーダーが望ましいのに、いまのリーダーが極端な成果重視型で変容する気がないとすれば、あえてナンバー2に人格重視型の人材をあてることでバランスを取るようなこともできます。

それにみなさんのテスト結果が片方に振れていたとしても、未来永劫（えいごう）、そのタイプのリーダーであり続ける必要はありません。自分がどういうタイプなのか客観的に知れたことで、今後、部下と接する場面で「自分はどうも情に流されやすい。ここはちょっと心を鬼にしよう」といった自己修正ができるはずです。

逆説的に聞こえるかもしれませんが、一流のリーダーを目指すのであれば、「リーダーはこうあるべきだ」という思い込みを捨て、**組織や部下の状況に応じて柔軟に変わっていく姿勢**が重要なのです。

サーバントリーダーシップ

あなたの部下がＳＬ理論におけるＳ３、つまり援助型の場合に、とるべきリーダーシップがサーバントリーダーシップだと私は考えています。組織の目標を達成する手段として部下にいちいち号令や命令の形で指示をするのではなく。メンバーへの奉仕・支援を通じて組織を動かすという考え方です。

サーバントリーダーシップが登場した時代背景は、アメリカで、2000年以降の市場原理主義の結果、エンロンやワールドコムなどの巨大企業の粉飾決算が発生し、ビジネス教育の見直しが叫ばれ、企業会計や業務報告の厳正化を目的としたSOX法の施行など、コーポレートガバナンスが強調されるようになったことにあります。

一方、ビジネス環境においては、環境変化が大きくかつ速くなり、企業は変化への素早い対応を求められるようになりました。その結果、リーダーシップにおいても、①倫理観や精神性の重視　②メンバーの自律的な活動を推進する必要が生まれ、サーバントリーダーシップが導入されたのです。なお、日本でも、資生堂、スターバックスといった企業が採用しています。

そして、読者のみなさんは驚かれると思いますが、これが現在米軍が普及にとりくんでいるリーダーシップでもあるのです。

第1章で説明した通り、米軍では今回のウクライナ軍と同様、自律自走型でないと勝てない時代において、上級司令部は指示を「訓令」の形で出し、より現場に近い部隊に権限移譲をする「ミッション・コマンド」という指揮法が重視されています。

その結果、脚光を浴びているのが、サーバントリーダーシップなのです。「いいから俺の言うとおりにやれ」という帝国日本軍式が、いかに過去の遺物になっているか象徴していると思いませんか。

私は呉地方総監でしたので、元サンフレッチェ広島の監督で、2022年のサッカー・ワールドカップで一躍時の人となった森保一日本代表監督と、お話をする機会がありましたが、森保さんがおっしゃったのは、「僕は牧羊犬なんです」という言葉でした。

牧羊犬とは、牧場で放牧している家畜の群れに誘導や見張り、人間による盗難や狼などの捕食動物から守るように訓練された作業犬です。誘導の際は、先頭に立つというよりも群れの横や後ろに位置します。

日本ではリーダーシップというと、「人の先頭に立ち、大きな声で指示を出し、常に率先垂範せよ」と思われていますが、その結果、振り向くと誰も付いてこないということになっているのではないでしょうか。

これはリーダーシップが「部下が自ら付いていこうという気持ちを原動力として組織を動かす方法論」であるということを理解していないから起こる現象だと私は思っています。

一方、日本のチームスポーツは、いまや世界に通用するレベルになってきましたが、サッカーやラグビーの監督が〝牧羊犬〟すなわちサーバントリーダーシップをとる方が多くなっているのは、時代の流れなのでしょう。

◎サーバントリーダーシップができる人の10の特性

サーバントリーダーには10の特性があり、「マインドセット」「他者との接し方」「視座の高さ」の3つで分類することができます（出典／GLOBIS学び放題）。以下、各項ごとに紹介しましょう。

マインドセット（相手の立場に立って支援する）

▼**傾聴**：相手の話を聞き、どうすれば役に立てるか考える
自分の内なる声に対しても耳を傾ける

▼**共感**：相手の立場に立って気持ちを理解する
人は不完全ということを前提に相手を受け入れる

▼**癒し**：相手を無傷の状態にして本来の力を取り戻させる
組織において欠けている力を補い合うようにする

▼**説得**：相手の同意を得ながら納得を促す
権限によって服従を強要しない

他者との接し方（一歩引き、相手の成長機会を創る）

▼**執事役**：相手に利益を与えることに喜びを感じる
一歩引くことを心得ている

▼**人々の成長への関与**：仲間の成長を促すことに深くコミットしている
一人一人の力や価値に気付いている

▼**コミュニティづくり**：愛情と癒しで満ち、人々が成長できるコミュニティを創る

視座の高さ（未来の可能性を見据え、ビジョンを打ち出す）

▼**気づき**：自分に対しても相手に対しても気付きを得る

相手に気付きを与えることができる

▼**先見力**：現在の出来事を過去と照らし合わせ、直感的に将来の出来事を予想できる洞察力がある

▼**概念力**：大きな夢やビジョナリーなコンセプトをもち、相手に伝えることができる

以上の説明からわかるとおり、第1章で紹介したフォロワーシップ（部下が積極的に上司を補佐する）とサーバントリーダーシップ（上司が積極的に部下を支援する）の相性は抜群で、**参謀を活躍させるためには、サーバントリーダーシップが重視される組織である必要**があり、だから米軍において普及が図られているのです。

サーバントリーダーシップのデメリットは、「意思決定に時間がかかる（部下の人数が多ければ多いほど時間がかかる）」「追いつけないメンバーが出てくる」といわれています。自ら率先して動くのが苦手な人や経験値が低い人、つまりSL理論のS1、S2レベルの人に対しては、援助型よりも、やはり手取り足取り、さまざまな方法でティーチングすること、つまり教えるマネジメントが必要でしょう。

また、危機が発生した場合は、ルールや規則で決められていないことについても決断し実行していく必要がありますから、トップダウン型、時には専制型でリーダーシップを発揮する必要があるでしょう。

しかしその場合でも、普段から**心理的安全性**が確保された関係性がないと、危機の際に一番必要な「現場からの正しい報告と進言」が上がってきません。ただし、サーバントリーダーシップとは、部下を甘やかすことではありません。あくまで**部下の心理的安全性を確保することで、部下の能力を最大限に発揮させる援助型リーダーシップ**であり、日本で多くみられる支配型リーダーシップでは、環境の変化が大きいいまの時代において「持続可能な組織」をつくることが難しいからなのです。

◎リーダーは心理的安全性を確保するのが仕事

読者の多くは、すでによくご存じと思いますが、確認のため「心理的安全性」について少し述べておこうと思います。

心理的安全性とは、ハーバード大学ビジネス・スクールのエイミー・C・エドモンドソン教授により提唱され、グーグルが「プロジェクト・アリストテレス」でその有効性を確認したことで、世界的に有名になった用語です。

エドモンドソン教授は心理的安全性を「このチーム内では、対人関係のリスクを取ったとしても安心できるという共通の思い」と定義付けていますが、より具体的には「無知だと思われる不安」「無能だと思われる不安」「邪魔をしていると思われる不安」「ネガティブだと思われる不安」の4つを提示しています。

そして、チーム内で心理的安全性に関する意識調査のため、自身の著書『恐れのない組織』（野津智子訳、村瀬俊朗監修／英知出版）の中で、次ページにあげた7つの質問項目を発表しています。

①このチーム内でミスをしたら、決まって咎められる
②このチームでは、メンバーが困難や難題を提起することができる
③このチームの人々は、他と違っていることを認めない
④このチームでは、安心してリスクをとることができる
⑤このチームのメンバーには支援を求めにくい
⑥このチームには、私の努力を踏みにじるような行動を故意にする人は誰もいない
⑦このチームのメンバーと仕事をするときには、私ならではのスキルと能力が高く評価され、活用されている

読者のみなさんも、ぜひこれを使って、ご自分のチームについて、アンケート調査をしてみてください。

◎対話をして相手のナラティブ（物語）を知る場を提供する

本間浩輔氏の著書『ヤフーの1on1』（ダイヤモンド社）で有名になった「1on1ミー

ティング」でも、上司は心理的安全性が高い場を提供し、双方向コミュニケーションである対話（ダイアローグ）を続けることが極めて重要だとしています。

なぜなら、組織開発における「対話」とは、話し手と聞き手が互いに理解を深めながら、互いに共感や意識・行動の変化を引き出しあう創造的なコミュニケーションであるべきだからです。

宇田川元一（もとかず）氏の著書『他者と働く』（NewsPicksパブリッシング）では、対話を通じて相手の「ナラティブ（物語）」を知ることの重要性が指摘されています。そこから始めないと、相手の本当の考えを理解することはできません。日本の男性は対話が苦手な方が多いと思いますが、多様性の時代に対応するためには、対話は絶対に必要な手段なのです。

そしてリーダーの役割は、そういった「場づくり」、あるいは「場の提供」です。職場では、人はお互い近くに座っていますが、真の意味での対話をする場がありそうで、実際には存在していないのです。

S1に対する指導の基本は「やってみせ」

話は前後しますが、SL理論では「S1の部下には指示型」と理論上はされていますが、私は〝指示〟というよりも、「やって見せる」必要があると思っています。

やってみせ、言って聞かせて、させてみせ、ほめてやらねば、人は動かじ。
話し合い、耳を傾け、承認し、任せてやらねば、人は育たず。
やっている、姿を感謝で見守って、信頼せねば、人は実らず。

ご存じのとおり、連合艦隊長官・山本五十六の名言です。

これまでの議論を踏まえてこれを見ると改めて気づくことがあります。2行目、3行目は、SL理論のS3、S4に該当すると思いませんか。そして、1行目こそがS1の部下に対するあるべきリーダーの姿ではないでしょうか。

これは私自身も実践してきて痛感していることです。私が隊司令として潜水艦3隻を監督する立場に就いていたとき、ある艦に防火訓練がなかなかうまくならない若い幹部がいました。彼は当直士官のひとりなので彼が当直のときに火災が起こったら彼が現場指揮を取らないといけません。それにもかかわらずマニュアルに書かれている指示出しもうまくできないのです。

彼の上司である艦長も最初のうちは指導を試みたようですが、上達が見えないことに業を煮やし、「なんでできないんだ！」と叱るばかりになっていました。すると若い幹部はさらに委縮するようになり、いつしか士官室でも浮いてしまう存在になっていました。

当時の私は彼らの上官であると同時に艦長以下の訓練指導とその審査をする立場でしたので、身内とはいえ、このまま合格を出すことはできませんでした。そこで私は若い幹部を直接呼び出し、マンツーマン指導をすることにしたのです。

最初に教えたのは訓練でよく想定される食堂火災のケースです。

「火災発生となったら君はどこに立つ？」

「えっと……ここら辺ですかね？」

「違う、違う。ここだよ。そして体はこっちに向けるんだ」

と自らその場に移動して教えていきます。

「ここでまず初期消火を試みるのが本来の君の最初の任務。でも訓練では初期消火に失敗した想定で動く。つまり君は本格的な消火の指揮をしないといけない。その一連の所作はちょっと細かいけど、この際、演芸大会だと思いなさい。その演技を僕がいまからやるから、よく見ていてね」


このような「演技指導」を何回か行なううちに彼もようやくコツをつかみ、訓練本番では彼が指揮官を務めた訓練が最高得点を取ったくらい完璧にこなせるようになりました。それを機に彼は自信を取り戻したようで艦での評価も一気に変わっていくことになります。

この若い幹部の急成長に一番驚いたのは艦長です。まさか自分の上司（私）が若い幹部にマンツーマン指導をするとも思っていなかったようですし、匙（さじ）を投げていた部下が劇的に変わることも想定していなかったからです。

しかし、私からすれば若い幹部にマンツーマン指導を行なうこと自体が、艦長に「人材育成のお手本を見せる行為」だったのです。

「やれ！」と号令をかけることは誰でもできます。「なんでできないんだ！」とキレることも誰でもできます。「能力のないお前が悪い」と責任をなするつけることも誰でもできます。しかし、それで部下が育つと思っていたら大間違いであることを私は艦長以下の幹部自衛官に学んでほしかったのです。

のちにその若い幹部はアメリカに渡り、メリーランド州アナポリスにある米海軍兵学校の教官になり、日本びいきの海軍士官を育成する重要な任務を担うことになります。一度アメリカで再会を果たしたときに、

「あのとき受けた防火訓練の指導が僕の自衛隊人生のはじまりでした」

と言われときは、本当にうれしい気持ちになりましたし、人材育成の醍醐味を感じました。ひとつのちょっとした自信を身に付けることで人は大きく化けることができるのです。

部下と交わした「交換日記」

もうひとつ私が潜水艦の艦長当時に行なった印象深い指導に「愛の交換日記（冗談でそう言っていました）」と呼んでいるエピソードがあります。ちょうど第2章で紹介したリムパック98に向けた訓練中のことでした。

潜水艦では、行動中は艦長に代わって幹部自衛官が当直のリーダーを務めると書きましたが、私が〝交換日記〟を交わしたのは、魚雷を扱う水雷科のリーダーである水雷長。3人いる当直士官のひとりでした。

仕事に対してとても真面目で、向上心もある幹部自衛官だったのですが、何を教えてもどうも理解が遅いのです。一番基本となる浮上航行中の航法についても、なかなか体得できませんでした。

潜水艦は浮上航行中、レーダーと目視で前後左右の船舶の状況把握をしなければなりません。しかし、人の意識は前方に向きやすいので不慣れな当直士官は前方の情報の処理で精一杯になり、後方から近接する船舶の確認を忘れることがあります。2017年にマラッカ海峡で起こった米イージス艦と石油タンカーの衝突事故もイージス艦が後方確認を怠ったために起こりました。

また、潜水艦の場合、とくに夜間の浮上航行が難しいのです。それは、漁船と同じ黄色の点滅する灯火を掲げるように法律で定められているためです。相手の船からは「小さな漁船」と誤解され、「あ、潜水艦がいる！　大型船の航法を適用しよう！」と思ってもらえないということがたびたび起こるのです。

そのため交通量の多い海域を潜水艦が安全に浮上航行するためには、潜水艦側が周囲の船の動きを予測し、相手がどんな動きをしても絶対に衝突しないように先回りして、艦を動かさないといけないのです。

しかし、当時の彼はその判断がなかなかできませんでした。多くの幹部の場合、「Aの場合は○○の理由だから結論はAダッシュになる」と一度教えたら、自分で応用を効かせて「Bの場合はBダッシュかな」と推測できるところを、彼の場合は「Bダッシュははじめて聞きました」と言うのです。

判断ミスがあまりに多いので彼が当直のときは、私は寝たフリをしていつでも動けるように艦長室で起きていました。ほかの2人の当直士官は十分優秀だったので、リムパック本番までに彼をどこまで成長させるかが私のなかで大きな課題でした。

そのとき活用したのがこの「日記」です。大学ノートを用意させ、毎日、その日、私や副長から指導されたことを文章として書かせるようにしました。彼が書くのは左のページの上半分で、それを私がチェックして、左ページの下半分から右ページまでに赤ペンでコメントやフィードバックを書くというものです。実際にはたくさん書いたのは私の方で、見開きが赤ペンでびっしり埋まる日もありました。

最初は航法を中心に教えました。○○方向から船舶がきたら、自艦をどう動かすべきかといった船乗りとしての基本問題です。1を教えて10を知るタイプではないので、パターンすべてをインプットしてやろうと思い、ノートに図入りで何度も指摘をしていました。応用ができなくても丸暗記さえしていれば、とりあえずの航行はできるようになると思ったからです。

航法ができるようになったあとは、幹部自衛官としての心得や部下の指導・育成法など、科長として知っておかないといけないことを随時テーマとして選び、彼との交換日記は続きました。そして1年もすると彼はほかの当直士官とまったく遜色ないほど頼もしくなり、私も安眠できるようになったのです。

そしてこの日記には予期せぬ副産物もありました。

大学ノートは士官室の壁にかけていたのですが、これをほかの幹部たちも毎日読んでいたのです。結果として艦長である私の考え方が艦の幹部全員に浸透し、私がなにか言わなくても先回りして考えるフォロワー（部下）が増え、それがリムパックでの成功を後押ししたことを付け加えておきます。

◎部下を見限る前にリーダー自ら内省を

〝マネジメントの神様〟として知られるP・F・ドラッカーは、著書『現代の経営』（上田惇生訳／ダイヤモンド社）のなかで、「真摯さ（integrity）に欠ける者は、いかに知識があり、才気があり、仕事ができようとも、組織を腐敗させる」と述べています。**とくにリーダーにはこの「真摯さ」という資質は必要不可欠**といってよいでしょう。

防大卒業後に入校する海上自衛隊幹部候補生学校は、帝国海軍の士官養成学校だった海軍兵学校の施設をそのまま使用している海自の教育機関のひとつです。そこでは、いまでも海軍から受け継がれた「五省」（通称「海軍五省」）と呼ばれる訓戒を、毎晩暗唱しています。（現代語訳も記載します）

五省

一．至誠に悖（もと）るなかりしか（不誠実なことはしなかったか）
一．言行に恥ずるなかりしか（言動に反省すべき点はなかったか）
一．気力に欠くなかりしか（気力は十分だったか）
一．努力に憾（うら）みなかりしか（努力を惜しまなかったか）
一．不精に亘（わた）るなかりしか（怠けることはなかったか）

この五省は軍国主義の色合いが濃くなった時期につくられたもので、アメリカ海軍式の組織として生まれ変わった海上自衛隊にはそぐわないのではないか、という否定的な意見もあります。

たしかに21世紀にもなって文語体にこだわる必要はないと感じるところではありますが、中身はいたって普遍的なものばかりです。とくに最初に、まさにドラッカーが指摘する「真摯さ」が「至誠」という文語体で出てきます。リーダーになる人にとって一番必要な資質は、いつの時代になっても変わらないということでしょう。

ドラッカーは、真摯さに欠ける人には特徴があるとして、次の6つを指摘しています。リーダーになる人は、自分を顧みてはいかがでしょうか。

▼人の強みではなく、弱みに焦点を合わせる者
▼皮肉家
▼「なにが正しいか」よりも「誰が正しいか」に関心をもつ者
▼真摯さよりも頭脳を重視する者
▼有能な部下を恐れる者
▼自らの仕事に高い基準を定めない者

さて、ここで先ほどの話の後日談をひとつ。リムパック98から4年後、私は隊司令として横須賀の潜水艦部隊に赴任しました。ある潜水艦に若くて優秀な水雷長がいました。
「君は誰か目標にしている先輩はいるの？」
と、なにげなく聞いたところ、なんと私が交換日記をしていた幹部自衛官の名前を挙げたのです。彼は4年間でさらに急成長を遂げ、若手幹部に尊敬される存在になっていたのです。その後、彼は立派に艦長も勤め上げることになります。

もちろんいまの話は成功例なので、手間暇をかければ誰でも大成するとまでは言いません。能力以前の問題として、向上心のない部下もいるでしょう。もし、それが周囲に悪影響を及ぼしているなら「腐ったリンゴ」として排除する決断もときには必要です。

しかしその判断は、自分がリーダーとしての務めを果たしたかと自問してから行なうことであると戒めてください。判断を下す前にまず、**リーダーとして最善の努力を尽くしたのか**（**努力に憾みなかりしか**）**と内省を続けるべき**なのです。

「知情意」をバランスよく身に付けよう

参謀からリーダーになるために重要だと思うことを書き連ねてきましたが、リーダーシップを極めることはは壮大なテーマであり、すべて書ききることはできません。ただ、ご自身がリーダーになったときに（もしくは支えるリーダーを見極めるときに）、「いったいなにが足りないのだろう？」と考えるひとつの目安として本章の最後に紹介しておきたいのが、哲学者カントが唱えた「知情意」という概念です。

「知」とは知識、思考力、戦略性といった、いわゆる**頭の良さ**のこと。

「情」はカッツ理論におけるヒューマンスキルのこと。礼節であったり、人の気持ちを思いやることであったり、チームの心理的安全性を確保することであったり、**人の感情に関わる能力**のことです。

「意」とは意志のことです。こんなことを成し遂げたい、こんなチームにしたいといった、**内から湧き出る願望**のようなもの。カッツ理論の「コンセプチュアルスキル（概念化力〉」を生み出す際の前提となるべきものといってもよいでしょう。

哲学者カントが人間の精神の働きとして考え出した「知情意」については、夏目漱石が『草枕』の冒頭の一節で、よく知られた次のような名文を残しています。


智に働けば角が立つ。

情に棹させば流される。

意地を通せば窮屈だ。

とかくに人の世は住みにくい。


漱石は続けて、「人の世が住みにくいからとて、越す国はあるまい。あれば人でなしの国へ行くばかりだ。人でなしの国は人の世よりもなお住みにくかろう」として人の世をのどかにするため「芸術」の重要性を述べています。

我々は芸術を愛する者ですが、本書のテーマは参謀として、あるいはよき人間としてどう生きるかということになりますので、漱石の言葉を現代にあわせて訳すと、「知情意のバランス」が人生において大事だと教えてくれているといってよいでしょう。第2、3章では、「知」について紹介し、第4章では「情」について、そして、第1章と使命の分析では「上司の意思や意図」つまり「意」に焦点を合わせてお伝えしました。

よきリーダーになるためには、「知情意」のどれかひとつでも決定的に欠けている場合、そこが綻びとなって足をすくわれるということが起こりかねません。非常にざっくりとした分け方ではありますが、簡単にできる自己チェックとしては非常に有効だと思います。

おわりに

――若いころの挫折が私を変えた――

私は随分といい加減な防大生でした。学生時代はアメフトにほぼすべての情熱を注ぎ、授業のほうは、真面目で優秀な同級生からノートを借りて、試験だけは要領よく点を取っていました。寮生活でも理不尽と思ったルールは平気で破り、先輩や教官にも平気で噛み付くような学生でした。

そんな私に転機が訪れたのは4年生の夏でした。3年生のときアメフト専門誌に写真入りで掲載されるなど部活でそれなりに活躍していた私は、いま思うと完全に天狗(てんぐ)になっていました。さらに4年生になって気も緩んでいたのです。なまった体で参加した夏合宿で、後輩から受けたタックルで右太ももを強打。それが原因で右大腿部(だいたいぶ)に軟骨ができるという化骨性(かこつせい)筋炎になり、右脚が曲がらなくなってしまったのです。

それ以降の防大生活は、行進して教室に行くこともできず、松葉杖をついてひとり教室に向かうという寂しくみじめなものになってしまいました。実力社会の部活での存在感はまったくなくなり、自然とその場にも近づかなくなりました。

防大生は卒業後、幹部自衛官として任官し、陸海空のそれぞれの幹部候補生学校に行くのですが、歩けない防大生に用はありません。「もし1年経っても治らなかったら、民間の就職先を紹介する。まずは治療に専念しよう」と指導官から言われ、卒業式で同期を見送り、私は卒業延期という形で、大分県にあったリハビリテーションを専門とする自衛隊別府病院に入院することになりました。

そこで出会ったのは、陸上自衛官の下士官の人たちでした。極めて重症の方々で、バズーカ砲の発射訓練時、高熱ガスが腕に当たってしまい片腕を無くした方、戦車の中で発生した爆発事故から生き残った方、災害派遣のときに落盤に巻き込まれ、下半身不随になった方など、壮絶な体験をした方ばかりでした。

かたや私は防大の部活で脚が曲がらなくなっただけ、それも自分の努力不足で。防大生は特別職国家公務員ではありますが、自衛官になる前の状態で、まだ何も国家に貢献したわけでもありません。

入院初日にそれを知った私は、それまでの自分が情けなくなって涙が出ました。ところが下士官のみなさんは明るく朗らかで、まるで自分の上官に接するように、「防大生、元気出していきましょう」といって、私に声をかけてくださったのです。

「自分はこれまでなにをやってたんだ……」

そのとき私は初めて気付いたのです。防大生は、卒業し幹部候補生学校を修了すると、そのまま幹部自衛官、つまり彼らの上司になる立場にあるのです。それなのに、必要な能力の向上に励むこともせず、面倒な指示や命令を避け、防大生に求められていることなどなにも考えず、すべてその場しのぎで過ごしてきた4年間を心から恥じたのでした。

結果的には、奇跡的に3カ月で退院でき、実家で3カ月の療養期間を経て防大に戻ることになりました。その年の後半の半年間を防大で過ごし、1年留年した学生として江田島の海上自衛隊幹部候補生学校に入校、同期からは丸々1年遅れで私の自衛隊人生は始まりました。

◎つらい経験が逃げない心を育んだ

この4年生時の挫折と、入院生活での下士官の方々との触れ合いを通じて、私は「人の痛み」がわかる人に変わりました。「人の奢り」の恐ろしさと「人間は失敗する動物」ということを身をもって理解したのです。

そして私は部下隊員のために、「人・もの・ことから逃げずに向かい合う幹部自衛官になる」ことを自分のモットーにしたのです。あらゆることに向かい合うために、必ず**「ちょっとひと手間」**をかけるということです。すべてに全力を傾注するのではありません。それでは長続きしません。見て見ぬふりやスルーをするのではなく、必ず「ちょっとひと手間」はかけて、向かい合うということです。

長い自衛官生活を振り返ると、同僚が10の仕事をしているとき私はいつも11の仕事をしてきました。15でも、20でもなく、11。極端に自分を追い込むことはしませんが、楽をしようと5でも0でもなく、8、9に抑えることもしませんでした。この1割のプラスが、私がいう「ちょっとひと手間」です。

たとえば潜水艦の科長当時、艦内で機器類のトラブルが起こったとき、私は自分の仕事の範囲外のトラブルでもクビを突っ込むようにしていました。

担当の幹部の作業の邪魔にならない範囲で、あるいは自分の業務を放り出さない範囲で、少なくとも「原因と対策」については、あとからでも担当者に教えてもらうようにしていました。

また、海上幕僚監部の部長（役所の局長）時代には、決済を含め回覧される文書が膨大なため、多くの部長が見もせずに判を捺しているところ、私はすべて読むようにしていました（部下からは「今度の部長、読むぞ」と嫌われていたようですが）。

読む時間がないときは担当者から、「私が上司から訊かれたら、これだけは答えてほしいこと」を教えてもらい、海上幕僚長や大臣などから尋ねられても、自分の言葉で回答できるようにしていました。

なぜなら、それが部長としての部下に対する最低限のマナーであり、責務だと思っていたからです。みなさんの周りでも社長から質問されると、部下のほうに振り向いて、「お前たちから説明せよ」と自分の責任を放棄する本部長や部長がいませんか？

◎「ちょっとひと手間」が10年後に実を結びます

私がいう「人・もの・ことから逃げずに向かい合う」とはこういったイメージのことで、その際に「ちょっとひと手間」をかけたにすぎません。こうした1割のプラスは20代のうちはあまり大きな差として現れませんが、30代、40代になると、とてつもなく大きな差になるのです。

また、学校教育では、「インプット」が重視されますが、一夜漬けで丸暗記して、試験に回答したら脳内は空っぽになるということが繰り返されます。これでは、この本で主張してきた「自ら考える」参謀にはなれません。

社会人の学びで一番重要なことは、「アウトプット」することです。なにか知識を得たなら、まず同僚や上司との会話で使ってみましょう。これでその知識はあなたの脳に定着します。知識を自分の言葉に置き換えて、言語化するか文書化すると身に付くのです。

日本のように、義務教育から始まる高等教育を受けている限り、人の能力に大きな差はありません。差がつくのは、「自分の言葉で説明してきたか」あるいは「多くの体験をしてきたか」ということであり、すべては**「自分事」として取り組んできたか否か**の違いだけなのです。それは怪我をする前と後の私の話で証明済みだと思います。

参謀というキーワードに興味をもたれた読者のみなさんのことですから、きっと向上心はおありのはずです。その向上心を一過性のものにしないためにも、現状に満足せず「もっとこうすればよくなるのに」という意思をもち続け、かといって、頑張りすぎて燃え尽きないように、**「ちょっとひと手間」をかけて「向かい合う」**ことを、日々続けていってください。

この本がみなさんの輝かしいキャリアの一助になれることを祈って、筆をおかしていただきます。

令和5年1月吉日　伊藤俊幸

⚓

伊藤俊幸

（いとう　としゆき）

1958年、愛知県名古屋市生まれ。防衛大学校機械工学科卒業。筑波大学大学院地域研究研究科修了。海上自衛隊に任官し、潜水艦乗りとしてのキャリアを歩み、潜水艦はやしお艦長、在米日本大使館防衛駐在官、第2潜水隊司令、海上幕僚監部広報室長、情報本部情報官、海上幕僚監部指揮通信情報部長、統合幕僚学校長、呉地方総監を歴任。最終階級は海将。

退官後は安全保障問題の専門家として報道番組やラジオ番組などメディアに多数出演。現在は、金沢工業大学大学院（虎ノ門キャンパス）イノベーションマネジメント研究科の教授として「フォロワーシップ・リーダーシップ」「リスク・マネジメント」の教務や、学生（社会人）に対する研究指導をしている。また、企業や全国の業界団体に対しても講演や研修を行ない、自律自走型組織への変革や組織後継などに携わっている。著書に『リーダーシップは誰でも身に付けられる』ほか。

参謀の教科書　才能はいらない。あなたにもできる会社も上司も動かす仕事術

2023年4月22日　第一刷発行
2024年10月11日　第四刷発行

著　　者　伊藤俊幸

発 行 者　島野浩二
発 行 所　株式会社双葉社
〒162-8540　東京都新宿区東五軒町3-28
☎03-5261-4818（営業）　☎03-6388-9819（編集）
http://www.futabasha.co.jp/
（双葉社の書籍・コミック・ムックが買えます）
印刷・製本　中央精版印刷株式会社
デザイン　小川 純（オガワデザイン）
本文DTP　福田敬子（ボンフエゴ デザイン）
編集協力　郷 和貴

ISBN 978-4-575-31794-7　C0095　Printed in Japan